Christian Kröger • Klaus Roth

Colaboração: Daniel Memmert

Escola da Bola
Um ABC para iniciantes nos jogos esportivos

2ª Edição

Título original em alemão:
Ballschule – Ein ABC für Spielanfänger
Copyright © 1999 by Verlag Karl Hofmann.
Direitos adquiridos para a Língua Portuguesa pela Phorte Editora Ltda.
2ª Edição brasileira – 2006

Rua Galvão Bueno 714, Cjs. 12-14 e 16 – CEP: 01506-000 - Liberdade - São Paulo - SP
Tel.: (0xx11) 3207-2923 e 3209-2793 - Fax: (0xx11) 3207-0085
Site: www.phorte.com - E-mail: phorte@terra.com.br

Produção e Supervisão Editorial: Fábio Mazzonetto
Gerente Editorial: Sérgio Roberto Ferreira Batista
Tradução e Revisão Científica: Prof. Dr. Pablo Juan Greco
Assistente Editorial: Luciana do Nascimento Leopoldino
Revisão: Arnaldo Camargo
　　　　　Danielle Mendes Sales
Editoração Eletrônica: Know-how Editoração Eletrônica
Capa: André D. Tortato Corso
Impressão: Edelbra Gráfica e Editora

Nenhuma parte deste livro pode ser reproduzida ou transmitida de qualquer forma ou por quaisquer meios eletrônico, mecânico, fotocopiado, gravado ou outro, sem autorização prévia por escrito da Phorte Editora Ltda.

CIP-BRASIL. CATALOGAÇÃO-NA-FONTE
SINDICATO NACIONAL DOS EDITORES DE LIVROS, RJ.

K94e
2.ed.

Kröger, Christian
　　Escola de bola : um ABC para iniciantes nos jogos esportivos / Christian Kröger, Klaus Roth ; colaboração Daniel Memmert ; tradução Pablo Juan Greco. - 2.ed. - São Paulo : Phorte, 2005
　　il.

　　Tradução de: Ballschule : Ein ABC für Spielanfänger
　　Inclui bibliografia
　　ISBN 85-7655-026-1

　　1. Jogos de bola. I. Roth, Klaus. II. Memmert, Daniel. III. Título.

05-0818.　　　　　CDD 796.3
　　　　　　　　　　CDU 796.3

Impresso no Brasil
Printed in Brazil

Sumário

Capítulo 1	Conceito de Escola da Bola

Introdução	8
O que é uma Escola da Bola em geral?	10
Escola da Bola orientada para jogos situacionais	14
Escola da Bola orientada para o desenvolvimento das capacidades	18
Escola da Bola orientada para o desenvolvimento das habilidades	25
Resumo	30

Capítulo 2	Escola da Bola orientada para jogos situacionais

Introdução	32
Simbologia dos desenhos e formas de apresentação	34
Coleção de jogos	
Acertar o alvo	37
Transportar a bola ao objetivo	45
Tirar vantagem tática no jogo	51
Jogo coletivo	57
Reconhecer espaços	63
Superar o adversário	71
Oferecer-se e orientar-se	77

Capítulo 3	Escola da Bola orientada para o desenvolvimento das capacidades

Introdução	84
Simbologia dos desenhos e formas de apresentação	90
Coleção de exercícios	
Exigências de pressão do tempo	91
Exigências de pressão da precisão	101
Exigências de pressão da complexidade	111
Exigências de pressão da organização	121
Exigências de pressão da variabilidade	131
Exigências de pressão da carga	141

Capítulo 4	Escola da Bola orientada para o desenvolvimento das habilidades

Introdução	148
Simbologia dos desenhos e formas de apresentação	149
Coleção de exercícios	
Controle dos ângulos	151
Regulação de aplicação da força	157
Determinar o momento do passe	163
Determinar linhas de corrida e o tempo da bola	169
Oferecer-se e desmarcar-se	175
Antecipar a direção do passe	181
Antecipação defensiva	187
Observação dos deslocamentos	193

Anexo

Modelo do Projeto	200
Características das bolas	202
Índice de figuras e tabelas	203
Bibliografia	204

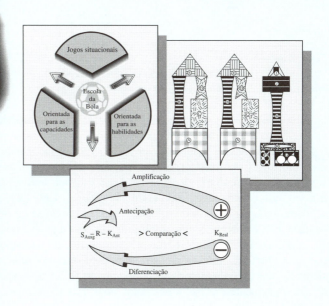

Conceito de Escola da Bola –

Objetivos, Conteúdos, Métodos e Bases Teóricas

Introdução

O que é uma Escola da Bola em geral?

Escola da Bola orientada para jogos situacionais
Escola da Bola orientada para o desenvolvimento das capacidades
Escola da Bola orientada para o desenvolvimento das habilidades

Resumo

Capítulo 1

Introdução

Como deve ser a "creche" esportiva dos iniciantes? Qual deve ser a forma de iniciação? Qual o caminho correto para poder jogar e possivelmente ter também uma carreira no esporte de alto nível?

Há muito tempo essas questões se responderiam por si próprias. As "creches" esportivas eram, em regra geral, a rua, os parques, as praças, os pátios de escolas, as praias, os campos, as várzeas etc. Habilidades como quicar a bola, receber, lançar, passar e chutar eram parte da motricidade geral e diária das crianças; elas estavam unidas, faziam parte do mundo e da nossa vida cotidiana (Diegel, 1993, p.13). "Na realidade jogamos o dia todo" (Daniel Stephan, jogador da Seleção Nacional de Handebol). "Meninos e meninas cresciam junto a uma bola, não importava qual" (Horst Bredemeier, treinador de handebol). As citações a seguir servem de amostra para confirmar que muitos dos nossos artistas da bola eram "jogadores universais", isto é, não eram precoce e altamente especializados como hoje, não eram jogadores de uma coisa só:

Mehmet Scholl (jogador de futebol, depoimento ao autor, 02.02.1998) "... eu sempre fui uma criança ativa e, quando tinha uma bola pela frente, não interessando qual, eu sempre era feliz. À tarde eu saía de casa e só voltava à noite. Não importa se tinha chuva ou neve; isso era secundário. Eu simplesmente jogava quando tinha prazer: era tênis de mesa, basquete ou handebol, não importa o que, tinha que ter uma bola...".

Escola da Bola natural: variar, experimentar, provar...

Olaf Thon (jogador de futebol, depoimento ao autor, 27.01.1998) "... nas minhas fotos de infância você poderia me reconhecer, pois sempre estava com uma bola. Eu cresci junto com a bola e andei com ela desde que aprendi a andar. Eu sempre tive vontade de jogar muito futebol, mas também jogávamos outras coisas com amigos; fascinava-me!".

Jackson Richardson (jogador de handebol, depoimento ao autor, 27.01.1998) "... eu comecei jogando em reuniões. Não era ali importante ser uma estrela ou profissional em algum esporte, ou impreterivelmente aprender alguma coisa. Eu queria ter alegria, divertimento e provar de tudo. Na minha cidade as crianças se reuniam todos os dias na praça, na praia ou em outros lugares, e sempre jogávamos...".

Magnus Wislander (jogador de handebol, 20.11.1996) "... o mais importante quando criança era que estivéssemos nos divertindo. Para nós não era importante se estávamos treinando ou não; queríamos nos divertir com a bola. Após a escola, nós íamos à praça de esportes para jogar. No meu tempo livre, eu sempre jogava com a bola. Às vezes futsal, às vezes *hockey* sobre gelo, ou handebol...".

A cultura de jogar na rua = a Escola da Bola natural

A cultura de jogar na rua, a Escola da Bola natural, é hoje, lamentavelmente, coisa que não figura no dia-a-dia das nossas crianças. Ela tem desaparecido do cotidiano de nossos jovens. Provavelmente ela volta condicionada pelo modismo e a variante dos jogos esportivos coletivos convertidos na rua, como o *street-basket* ou "pelada de rua", o futebol de praia, o handebol de praia ou o voleibol. Os jovens e os adolescentes se iniciam mais cedo nos esportes dos clubes – isto comparado a 20, 30 anos atrás. E geralmente, nessa iniciação, já existe uma formação específica para um esporte. Isso pode ser caracterizado conforme as palavras de Schmidt (1994, p.3): "as crianças são treinadas antes de aprenderem a jogar". "As crianças nos Estados Unidos crescem jogando nos parques" (Kevin Pritchard, jogador de basquetebol). Na Alemanha – hoje – eles vão ao clube e têm uma prática organizada na forma de treino.

Os perigos da especialização precoce!

A desvantagem desse desenvolvimento em relação a uma livre e variada oportunidade de se jogar é muito criticada na atualidade; crianças não são, na sua natureza, especialistas: elas são generalistas. A especialização precoce com cargas unilaterais (um só tipo de esporte), como a dos adultos, é copiada neste modelo em relação às exigências das cargas em geral, e isto não tem sido adequado. Pelo contrário, apresentam desarmonias no desenvolvimento, acompanhadas de um abandono precoce do esporte, antes de se ter chegado ao alto nível de rendimento (*drop out*). Deve-se repensar que na Alemanha há mais jovens de 17 anos que, por diversos motivos, saem ou abandonam os clubes de onde são sócios. Por outro lado, uma especialização precoce em um determinado esporte – sobretudo sem intervalos, sem cortes – não produz ou não leva a melhores resultados, ou aos níveis de rendimento. Na metodologia dos esportes vale, como em outras áreas, que primeiro se aprenda o "ABC", as primeiras letras, para depois, de forma garantida, poder passar a falar palavras mais complexas (técnicas específicas) e logo "regras gramaticais" (competência tática específica).

A Escola da Bola é uma parte importante da aprendizagem e do treinamento

O que fazer nessa situação? Como é que podem ser minimizadas as limitações da "cultura do jogo na rua"? A metodologia do ensino e do treinamento deve procurar uma forma – mais consistente do que foi realizado até agora – de estudar, idealizar e organizar uma formação esportiva geral para os esportes com bola como uma das tarefas mais importantes. A Escola da Bola não é mais parte do cotidiano das nossas

10   Conceito de Escola da Bola

crianças. Não figura no seu tempo livre, é realizada nos clubes e escolinhas especializadas, mas não segue os princípios básicos daquela. Teóricos e práticos têm reconhecido essa deficiência e a da imperiosa necessidade do retorno à cultura do jogo como esporte de rua. Poucos trabalham – como o FC *Bayern* de Munique – "há muito tempo procuramos levar a descontração e a criatividade dos jogos de rua para o treinamento" (Uli Holness, diretor de futebol do clube). Na literatura didática sobre o tema encontramos poucas publicações com esse conceito, ou com denominações e conceitos semelhantes. A necessidade é evidente se considerarmos a importância da aprendizagem geral, do desenvolvimento da capacidade do jogo e do "aprender a manusear a bola". A creche dos esportes e dos jogos carimba e acompanha a vida esportiva, pois, como diz o provérbio árabe: "as ramas dão clientes!".

Com o primeiro volume da série "Idéias Práticas", estamos apresentando a "Escola da Bola". Nela objetiva-se a transferência de uma experiência longa e variada de movimentos. Estes, por sua vez, constituem-se no tipo de solo fértil para a iniciação específica nos esportes, para os processos didático-pedagógicos do tipo série de exercícios, série de jogos, de situações, modelos orientados e planos, no desenvolvimento da percepção, caminhos genéticos, entre outros, que serão apresentados em outras obras. A Escola da Bola apresenta também (complementa) uma série de formas de treinamento para outros níveis de rendimento.

Escola da Bola universal adequada a todos os esportes

O que é uma Escola da Bola em geral?

O ABC para iniciantes nos jogos apoia-se em três pilares básicos:

O ABC da Escola da Bola

A) jogos orientados para a situação;
B) orientação para as capacidades coordenativas;
C) orientação para as habilidades.

O jogar, o jogo no marco da Escola da Bola (A), objetiva diretamente a redução dos *déficits*, que se apresentam pela falta da "cultura do jogo de rua". Como antigamente, a base e o objetivo da Escola da Bola é permitir que as crianças possam experimentar e provar de forma rica e variada, diferentes alternativas de movimento. As crianças devem primeiramente aprender "somente" a jogar com liberdade, reconhecer e perceber situações de forma correta e compreendê-las desde o ponto de vista tático. Junto a isso devem incorporar, no seu conhecimento, as formas de compreensão das regras dos jogos. O tipo e qualidade da realização dos seus movimentos

A: o jogar na Escola da Bola

O que é uma Escola da Bola em geral?

Fig. 1: Jogar e exercitar na Escola da Bola.

(técnica) não são o tema central do processo de aprendizagem, valem: "jogar faz o campeão", como também "jogar se aprende jogando".

Quem fala A deve também dizer B e C junto com os jogos. O exercitar-se é uma parte importante da Escola da Bola para o aspecto da universalidade esportiva. Está fortemente orientada para o desenvolvimento da sensomotricidade, da motricidade geral, e pode servir de base para um posterior treinamento das habilidades esportivas específicas (técnicas).

B: Exercitação das capacidades coordenativas com a bola

No ensaio orientado com o desenvolvimento das capacidades, partimos do conceito da necessidade de trabalhar os fatores comuns e básicos para as técnicas desportivas. Os elementos que constituem um pré-requisito fundamental inerente às capacidades motoras são:

- aprender rápido e certo;
- controlar o movimento de forma precisa e dirigida para o objetivo, como tabela;
- variar de forma múltipla e rica, sempre adaptado à situação.

Esses fatores gerais são caracterizados, geralmente, como capacidades coordenativas. Conforme o nível da pesquisa, hoje podemos afirmar que essas constituem a base decisiva da "inteligência sensório-motriz": quem possui um alto nível coordenativo pode aprender movimentos novos de forma mais fácil, algo semelhante à área cognitiva onde as pessoas com um quociente de inteligência (QI) maior que o da média podem ser mais capazes de aprender ou de apresentar rendimentos mais elevados. É importante destacar neste contexto que as capacidades coordenativas, provavelmente, não são independentes do talento e da herança, porém essas são altamente treináveis. A precisão milimétrica e fora do comum de um Michael Jordan, as mãos-de-ouro de um Jan-Ove Waldner, a reação veloz de um Wayne Gretzky, a sensibilidade com a bola de Edson Arantes do Nascimento (Pelé) ou de Tostão, e a enorme habilidade de artistas como os que fazem malabarismo com três, quatro e mais bolas mostram que tudo pode ser treinado ao longo do tempo. A Escola da Bola coloca aqui uma pedra fundamental. Devem ser melhorados os pré-requisitos e os condicionantes coordenativos relevantes para o rendimento nos jogos esportivos coletivos de forma precisa e breve: a coordenação com a bola, a habilidade com a bola, a sensibilidade com a bola, a variabilidade (mudança) com a bola, enfim a exercitação das habilidades com a bola.

Com a aproximação orientada para as habilidades (C), será apresentado, na Escola da Bola, um novo módulo das ciências do movimento. É importante evitar mal-entendidos; de forma alguma objetiva-se aqui a concreta aprendizagem de uma técnica de movimentos específica de algum esporte. O conceito básico que propomos consiste em partes de um *pool*, de um conjunto de partes de um "quebra-cabeças" do qual inúmeras técnicas e possivelmente todas as habilidades esportivas passam a ser incorporadas. Kortmann e Hossner (1995, p. 53) afirmam que se pode partir de uma "caixa de habilidades", de uma *"box of bricks"*, que serve como material de construção para diferentes movimentos.

C: A exercitação das habilidades

A Escola da Bola orientada para as habilidades será apresentada sem relação com elementos técnicos de determinado esporte, porém estas habilidades serão os elementos necessários para a construção do movimento. No lugar de um pensamento voltado para a inteligência motora em categorias (disciplinas ou modalidades esportivas), será desenvolvido o conceito de estruturas ou elementos comuns aos esportes; conseqüentemente, apresentaremos as alternativas de transferência destes, de forma a constituir um contexto situacional para qualquer tipo de técnica que possa ser objetivada *a posteriori*.

Elementos técnicos não específicos

O esquema apresentado a seguir oferece um resumo geral sobre os três pilares que constituem a Escola da Bola. A filosofia que sustenta esta idéia é facilmente reconhecível: as crianças devem (novamente) aprender

O que é uma Escola da Bola em geral? **13**

a jogar, assim como desenvolver habilidades e capacidades gerais antes de começar com a especialização geral nas modalidades esportivas.

Tab. 1: Forma de aproximação, objetivos, conteúdos e métodos.

Os pilares da Escola da Bola

Forma de aproximação	Objetivos	Conteúdos e métodos
A: Orientado para a situação	Aprender a jogar	Somente jogos em forma de elementos táticos para construir o jogo
B: Orientado para as capacidades	Melhoria da coordenação com bola	Melhoria da coordenação e dos jogos em elementos para construir a melhoria das informações motoras necessárias
C: Orientado para habilidades	Melhoria das atividades básicas de domínio da bola	Exercitar as técnicas básicas necessárias aos elementos que permitirão desenvolver-se com mais possibilidades técnicas

As páginas seguintes dos primeiros capítulos servem como preparação da parte prática deste livro (capítulos 2 a 4). Para as áreas A, B e C serão detalhados objetivos, conteúdos e métodos (A1, B1 e C1). Além disso será representada uma fundamentação teórica do "ABC" da Escola e dos jogos de bola (A2, B2 e C2). Nestes, propositadamente, serão dadas ênfases diferenciadas e formas de apresentação; alguns serão facilmente fundamentados e outros, já conhecidos, amplamente comprovados na prática. Para a maioria dos leitores deve aparecer como novidade a fundamentação teórica com discussão sobre conteúdos e métodos apresentados em A2 e em B1 e C1. Estes temas, portanto, serão tratados com mais detalhes.

14 Conceito de Escola da Bola

Escola da Bola orientada para jogos situacionais

A1: *Objetivos, conteúdos e métodos*

A Escola da Bola não deve ser confundida com os conceitos que já existem na literatura esportiva, como é a série de jogos (os grandes jogos, Dietrich, Durruwáchter e Schaller) ou o conceito recreativo dos jogos (Alberthi e Rothemberg) etc. As séries de jogos são geralmente dirigidas à iniciação em um determinado tipo de jogo, que tem um objetivo definido, freqüentemente, pelo tipo de disciplina ou modalidade esportiva (como, por exemplo, jogos com raquete, ou de lançamento etc.). E destes, em geral, se exige que (semelhante às séries metodológicas de exercícios) o aprendiz possa ser capacitado a resolver tarefas cada vez mais complexas e a idéia central do jogo deve se manter na sua forma inalterada (cf. Kuhlmann, 1998, p. 117). *Não são seqüências de jogos, e sim formas de jogos próprias*

Na Escola da Bola a idéia básica é outra, pois está constituída por formas de jogo próprias. Em uma sessão de aula ou de treinamento essas não devem ser impreterivelmente apresentadas uma após outra. Os jogos não podem ser colocados nas aulas de forma a seguir um princípio do tipo "*anything goes*", ou seja, sem escolha e ao livre-arbítrio.

As crianças devem adquirir uma capacidade geral do jogo e competência tática; os jogos devem ser construídos de forma que determinadas constelações típicas dos jogos e os conseqüentes "elementos táticos" possam ser desenvolvidos. Uma forma de procedimento como essa pressupõe como pré-requisito que os diferentes elementos sejam apresentados de forma sistemática. Isto não é simples, não é fácil e sem problemas. Atualmente não existe a possibilidade de caracterizar as exigências táticas dos jogos esportivos coletivos em suas implicações táticas básicas e justificá-las teoricamente, ou com a ajuda de estudos empíricos uni-los de forma a filtrá-los adequadamente. Aqui não existe praticamente nenhuma obra de base. Em contrapartida, o marco da Escola da Bola – e sem que isto tenha menos valor – será apoiado pela experiência prática e a rica sabedoria do cotidiano dos *experts*. A procura apóia no seu centro a literatura didática básica da área e uma pesquisa científica realizada com treinadores de alto nível de rendimento e pesquisadores da área. Conforme as afirmativas realizadas pelos entrevistados e adaptando a idéia de Göhner (1992) como base, em relação às classes de tarefas, podemos abstrair sete elementos táticos básicos que foram colocados freqüentemente pelos treinadores, e denominados práticos. São eles: *As capacidades de jogo*

Escola da Bola orientada para jogos situacionais

Sete elementos táticos ofensivos

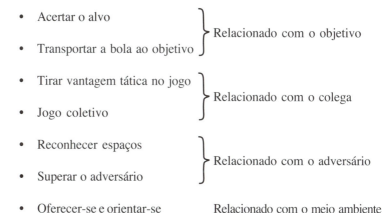

- Oferecer-se e orientar-se   Relacionado com o meio ambiente

Elementos táticos defensivos

Os elementos para a construção tática do jogo são formulados do ponto de vista do ataque ofensivo nos jogos em que cita os aspectos defensivos – mesmo sendo este um pré-requisito – e correspondem às ações táticas como evitar que o adversário acerte o objetivo, dificultar o jogo do adversário, fechar os espaços (são exercitados paralelamente com os jogos de ataque). Logicamente não temos uma relação que pretende ser completa; esta pode ser a cada instante aumentada, reduzida ou modificada. Finalmente, a exigência de se ter uma lista completa não possui um grande significado. Uma Escola da Bola geral exige a variabilidade, mas não uma totalidade de aquisição de experiências. O caminho metodológico a ser seguido pode ser resumido em duas palavras: "deixar jogar".

Objetivos, conteúdos e métodos

Na Escola da Bola fundamentalmente se objetiva o desenvolvimento da capacidade de jogo geral, da competência tática básica (objetivo). Serão oferecidas formas de jogadas que são construídas tomando-se os elementos básicos para construir a idéia do jogo (conteúdo). Estes jogos devem ser apresentados às crianças e deixar que estas joguem (método).

Conceitos de psicologia geral

A2: *Bases teóricas*

O "deixar jogar" somente não apresenta efeitos de aprendizagem; não é para todos uma forma segura de aprender e isto pode ser justificado. "Deixar jogar" com elementos situacionais adequadamente escolhidos é mais do que uma forma despreparada e sem método como a de "rolar a bola". É muito mais do que um simples "passar o tempo". Para poder garantir isto de forma teórica devemos fazer uma retrospectiva. O jogar

16 Conceito de Escola da Bola

atua de forma a construir maneiras efetivas de antecipação da condução do comportamento (cf. Hoffmann, 1993).

O que significa isto? Como é que a influência da aquisição de experiências pode ser aplicada? O ponto de partida destas reflexões é a suposição que nós, seres humanos, aspiramos sempre uma segura predição dos efeitos do nosso comportamento. Quando nós sabemos, em um determinado ponto de partida, quais são as formas de comportamento adequadas que nos levam a um tipo de conseqüência (conhecidas e bem-sucedidas), então a autoconfiança aumenta e nós temos o sentimento da segurança de domínio da situação, e que nós não estamos jogados nela. Pelo contrário, quando nós não conhecemos os resultados das nossas ações, as condições nos deixam inseguros, e nós não conseguimos avaliar os resultados das mesmas, sendo assim, difícil julgá-las.

Hoffmann (1993, p. 41-42): "No mínimo, para os seres humanos constata-se que aquelas situações, em que as conseqüências de seu comportamento não lhe são muito claras, causam dúvidas, angústias e medos como, por exemplo: quando guiamos pela primeira vez um automóvel, comprovamos, avaliamos como este reage às nossas ações; quando o metrô apresenta um novo tipo de bilhete automático, nós apertamos os botões com muito cuidado e observamos os efeitos que cada um dos nossos atos provoca; quando estamos em um país desconhecido prestamos particularmente atenção às reações que o nosso comportamento social produz. Após um tempo, conseguimos ter um pouco de segurança com as novas condições e atuamos de forma mais segura e autoconfiante. Nós temos aprendido e podemos ver que os habitantes do país desconhecido não percebem nosso ato de esticar a mão como um ato agressivo. Nós sabemos como funciona o freio a disco, como comprar um bilhete de metrô na máquina automática, e conseguimos paralelamente sorrir e sentir pena dos que não sabem e que procuram seguir as confusas instruções para ter êxito na compra de uma passagem. Resumindo: nós sabemos, precisamente, como e em quais condições nossas ações funcionam e as aplicamos de forma consciente, de modo a alcançar as conseqüências e efeitos desejados".

Aprender a antecipar as conseqüências do próprio comportamento

As duas primeiras questões (o que é pensado quando falamos da construção do controle antecipativo do comportamento) devem estar respondidas. O jogar e o adquirir experiências em situações táticas devem ter como conseqüência que as crianças adquiram ou aprendam a adquirir segurança, de forma a aprender a antecipar as conseqüências das suas próprias ações.

Escola da Bola orientada para jogos situacionais

Um modelo para o processo de aprendizagem

O que podemos dizer da segunda questão? Por que e como o "jogar" simplesmente conduz a uma melhoria do controle antecipativo do comportamento? Aqui, ajuda dar uma olhada no mecanismo de aprendizagem (cf. figura 2) proposto.

Suponhamos que uma criança está jogando dentro da série de elementos "reconhecer espaços". O modelo diz que uma ação (R) é permanentemente acompanhada por antecipações (K_{Ant}). Estas se compõem de expectativas da criança sobre os presumíveis resultados de seu comportamento. Também se deve admitir as antecipações que realmente se equiparam com as conseqüências via a comparação de ambas. Falado de forma simples, a criança aprende pelas ações bem-sucedidas ($k_{Real} = K_{Ant}$) que a concreta situação de jogo (S_{Ausg}), através de (R), pode ser resolvida (reforço). No caso de insucesso, a experiência (ao contrário de S_{Ausg}) não pertence a essa classe de jogos situacionais, que fora procurado resolver através da ação realizadora e deve, portanto, ser avaliado de forma diferente (diferenciação). A criança adquire gradativamente um saber cada vez mais completo sobre que tipo de situação dentro de uma classe de elementos pertence a cada classe de tarefa a ser resolvida. Para serem colocadas de outra forma, "as antecipações são corrigidas permanentemente através dos comportamentos. Estas seguem continuamente as conseqüências que realmente aparecem no comportamento e refletem neste, cada vez de forma mais completa" (Hoffmann, 1993, p. 48).

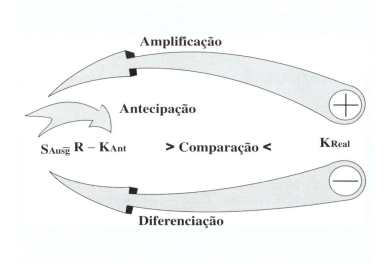

Fig.2: Construção de antecipações reguladoras do comportamento (Hoffmann, 1993, p. 44).

18 Conceito de Escola da Bola

Com a suposição da existência de um tipo de mecanismo de aprendizagem como o proposto por Hoffmann (1993) a resposta à segunda pergunta parece estar mais próxima. O processo descrito na figura 2 não precisa de nenhuma explicação intencional ou adicional. Ele decorre por si próprio de forma autoconstrutiva. Já que os efeitos do comportamento (K_{Real}) sempre aparecem, a simples alternativa de jogar, de agir, e situações de base permitem a melhora efetiva e simultânea do controle antecipativo do comportamento.

Aprendizagem incidental, paralelo de forma jogada

Pressupõe-se que esta aquisição de experiências de forma paralela-jogada de uma necessidade elementar é produto de predição de resultados. Em contrapartida, com outras necessidades esta não é relacionada com conteúdos. Ela só é satisfeita quando os resultados realmente foram antecipados. Este pensamento está em estreita relação com os melhores conceitos da psicologia, tais como: *instinct to master*, ou de "vontade de função" ou de *motivation of efficience*.

Necessidade de antecipar

O modelo da regulação antecipativa do comportamento pode ser tomado como explicação de base do efeito de uma " Escola da Bola" orientada para a situação, ou com jogos situacionais. Aqui pode-se observar que já existem algumas evidências e perícias sobre a eficiência de um tipo de experiência de ensino "deixar jogar" e, paralelamente, adquirir experiência. Roth e Raab (1998) puderam comprovar através de uma série de pesquisas que esta forma de aprendizagem como a que se apresenta na aprendizagem incidental não só pode ser eficiente com crianças, como também aplicável no treinamento tático em diferentes modalidades específicas (basquetebol, handebol, voleibol), produzindo melhorias no rendimento.

Regulação antecipativa do comportamento

Escola da Bola orientada para o desenvolvimento das capacidades

B1: *Objetivos, conteúdos, métodos*

A ênfase da Escola da Bola orientada para as capacidades está dada na área coordenativa. Para uma organização exata do processo – em contrapartida à ênfase no desenvolvimento das capacidades motoras, dependentes dos fatores energéticos – temos vários motivos na psicologia do desenvolvimento como base. Hoje, não é mais contestado que exatamente as capacidades coordenativas e os pré-requisitos coordenativos de rendimento podem e devem ser treinados (e isto significa que é produtivo, que vale a pena). Desde o ponto de vista biológico, a base para o desenvolvimento da coordenação "está muito mais preparado e adaptado do que para o desenvolvimento da força e da resistência" (Weineck, 1994, p. 554). Este ponto pode ser primeiramente explica-

O que não se aprendeu na infância não se faz na fase adulta...

do pelo desenvolvimento do Sistema Nervoso Central (SNC) que decorre velozmente, muito antes que todos os outros processos de amadurecimento e crescimento. Na seqüência, como veremos na figura 3 de forma mais clara, ocorrem grandes melhorias do rendimento das capacidades coordenativas do corpo como um todo, desde a infância até a adolescência.

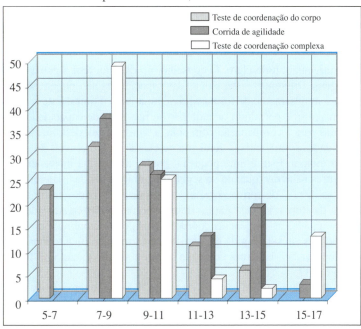

Fig. 3: O crescimento percentual do rendimento das capacidades coordenativas na idade entre 5 e 17 anos (segundo Roth, 1998, p. 85).

Capacidades de coordenação com bola

Se somente temos como objetivo a melhoria da coordenação das ações com bola, não temos, na realidade, melhorado ou avançado muito. Para uma concreta determinação dos conteúdos das aulas e do treinamento, freqüentemente nos deparávamos com a probabilidade semelhante à da determinação e fixação dos elementos táticos, ou seja, devemos responder uma pergunta que não é fácil: quais são as capacidades coordenativas que pertencem ao grupo de coordenação com bola e como podem ser definidas. No entanto, a situação de partida desde o ponto de vista científico é um pouco diferente da área da Escola da Bola. Existem gradativamente mais reflexões teóricas e também pesquisas empíricas. O problema principal é o dos resultados obtidos na pesquisa na área das ciências do movimento e do treinamento, pois não são coincidentes. Cada um dos autores tem sua própria sistemática de organização, portanto, não é para se assombrar que essa divergência de opiniões e inseguranças se transfira para o corpo da coordenação com bola.

20 Conceito de Escola da Bola

A diferença de conceitos no contexto científico conduz (em relação à comparação com A1) a uma fórmula para resolver o problema. A recondução não é difícil ou complicada e consiste em aceitar a chance da variabilidade e divergência de conceitos teóricos como uma forma de aplicação. As relações das capacidades coordenativas em suas diferentes formas de enunciado e postulados não serão colocadas em contraposição, e sim juntas umas das outras e, em conjunto, unidas na Escola da Bola. A primeira aqui é a seguinte: "Muitos caminhos conduzem a Roma!".

As diferenças tão ricas podem ser usadas como uma vantagem da prática!

Até aqui, então, tudo claro. O conselho, no entanto, tem algumas desvantagens. Diferentes sistemáticas das capacidades não podem ser colocadas simplesmente de forma aditiva, uma junto à outra. Este resumo consensual só é permitido quando não se fala mais de capacidades necessárias para a coordenação com bola, e sim, mais modestamente, das capacidades coordenativas gerais ou de classes de exigências de informação motora. Esta é uma pequena, porém muito fina diferenciação. Em outras palavras: quando se segue uma unificação das sistemáticas, então se deve – de forma correta – incorporar de modo claro que na Escola da Bola orientada para o desenvolvimento das capacidades serão exercitadas as exigências coordenativas gerais. Porém, não são as capacidades em seu sentido clássico ou de forma científica teoricamente comprovadas. Isto será colocado assim e será explicado de forma ampla no B2.
Como deve ser avaliada essa desvantagem? Do ponto de vista da prática, isto seguramente não é de muita importância. A exercitação das exigências coordenativas em seus diferentes elementos é a forma de manuseio da bola que deveria – com muita probabilidade – conduzir o efeito geral e amplo desejado. As crianças se exercitam orientadas com a bola, como, por exemplo, com exercícios em situações de pressão do tempo ou tarefas de precisão. E, então, somente com interesse teórico por trás deste exercício tem-se uma tarefa de pressão do tempo bem delimitada (ou se incorporam elementos de precisão) para ver detalhada e amplamente a transferência como também o nível de transportabilidade e os efeitos de treinamento que esta produz.

No lugar de capacidades serão exercitadas exigências coordenativas!

Por trás destas observações podemos analisar e entender a figura 4. Ela apresenta uma tentativa de sistematização das tarefas/classes de exigências. Com o esquema serão – do ponto de vista da Escola da Bola – resumidos os diferentes componentes, tarefas e classes de exigências, como são apresentadas pelos diferentes autores que tratam o tema das capacidades coordenativas. A construção de cada uma das suas unidades e a história da sua confecção não serão detalhadas neste espaço, mas recomendamos a leitura do instrutivo artigo de Neumaier e Mechling (1995) bem como o de Roth (1998).

Escola da Bola orientada para o desenvolvimento das capacidades

Elaboração de informações eferentes e aferentes

Na parte superior da figura 4 estão descritos os canais típicos de elaboração de informação nos jogos esportivos coletivos. Do lado eferente encontramos a diferenciação entre a coordenação motora grossa e fina e as formas de tarefa. Em relação às aferências, trata-se da aplicação de formas de controle motor dos órgãos dos sentidos (óptico, acústico, tátil, cinestésico, vestibular). Desta forma resulta uma rica série de tarefas coordenativas, por exemplo, com ênfase em um analisador visual-fino (lançamentos ao alvo, malabarismo) ou vestibular-motor grosso (fintar, girar). A parte inferior mostra os típicos condicionantes da motricidade da ação, tal como os rendimentos de coordenação são exigidos nos esportes coletivos, pressão do tempo, da precisão, da complexidade, da organização, da variabilidade e da carga.

Seis condicionantes da motricidade

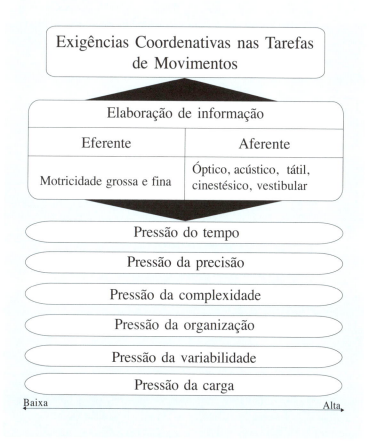

Fig.4: Exigência da coordenação com a bola (modificado por Neumaier e Mechling, 1995).

Conceito de Escola da Bola

A riqueza de facetas que se dão para a exercitação dos conteúdos de coordenação com bola é mais do que evidente. Se tomamos somente os componentes eferentes e somamos-os a uma das exigências aferentes, ou seja, escolher um dos seis elementos de pressão, temos quase 60 combinações triplas. A estas se agregam uma infinita quantidade de possibilidades (na aula e no treinamento) de desenvolver mais de uma combinação e mais de uma dimensão de exigências.

Alternativas para a riqueza e variabilidade

No capítulo 3 serão apresentados exercícios para desenvolver os elementos descritos no modelo-padrão da figura 4. Os exercícios seguem a já altamente conhecida lógica do treinamento dos fatores gerais do rendimento: quando se deseja desenvolver a competência geral do movimento de forma objetiva e dirigida, devem se manter as exigências nas habilidades de forma mais baixa possível. Os "condimentos" decisivos do treinamento da coordenação com a bola são as habilidades que as crianças dominam de forma estável; devem ser "temperadas" com as variações de informação e componentes de pressão, descritos na figura 4.

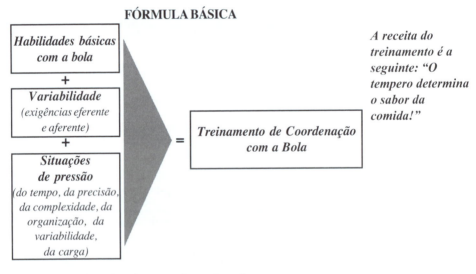

Fig. 5: Fórmula básica do treinamento de coordenação.

Na Escola da Bola orientada para o desenvolvimento das capacidades, objetiva-se a melhoria da coordenação geral com a bola (objetivo). Serão apresentados elementos para a superação de atividades que contêm diferentes exigências informacionais (conteúdo). A exercitação segue a fórmula básica: habilidades motoras com bola simples + variabilidade + condições de pressão (método).

Objetivos, conteúdos e métodos

Escola da Bola orientada para o desenvolvimento das capacidades

Psicologia diferencial

B2: *Bases e referencial teórico*

A convicção de que rendimentos em determinadas áreas não são um produto influenciável somente pelo conhecimento e saber fazer específicos, e que o rendimento é também produto das nossas capacidades gerais, é uma das idéias e conceitos mais arrojados no nosso pensamento. Nós caracterizamos as outras pessoas como inteligentes, como talentosas em um idioma estrangeiro, capazes de compreender, prontas para decidir (ou criativas), e queremos desta forma expressar que estas podem utilizar suas capacidades e qualidades em outras áreas. Este tipo de expressão nos é comum também na área do esporte. Conceitos e expressões como habilidade, mobilidade, capacidade de reação, força rápida, potência, capacidade de resistência e flexibilidade são comuns na nossa linguagem cotidiana. Um esportista pouco habilidoso, por exemplo, em basquetebol deverá ter problemas em diferentes disciplinas esportivas e apresentará dificuldades em aprender outros esportes, não alcançando grandes níveis de rendimento.

As capacidades são construtos construídos artificialmente!

Os fundamentos e bases teóricas do pensamento orientado para as capacidades derivam da psicologia diferencial. Aqui foram pesquisados fatores gerais da inteligência e da personalidade. Nas ciências estes são considerados como disposições latentes, como *TRAITS* (traços) ou também como "construtos". Desta forma é colocado que as propriedades e as capacidades são parâmetros por nós herdados, alcançados através da construção, para poder assim descrever e explicar melhor as diferenças de rendimento. Três aspectos devem ser destacados: primeiramente as capacidades devem servir como medida para mais ou menos quase todos os seres humanos (princípio nomológico); segundo, devem ser constantes; terceiro, estáveis no decorrer do tempo. Por consistência é entendido que os regimentos alcançados podem ser fundamentados, num determinado momento, em condições gerais ou semelhantes aos mesmos níveis que poderão ser alcançados. A estabilidade consiste na generalização da dimensão do tempo, ou seja, uma certa constância de rendimento, pelo menos através de um espaço de tempo médio.

A história da psicologia diferencial nos ensina que a procura de categorias ou propriedades gerais na regra tem se comprovado como extremamente difícil. Já fora colocado no ponto B1, no exemplo das capacidades coordenativas, que a quantidade de diferentes sistemáticas é quase semelhante ao que se tem de publicações sobre o tema. E para se entender por que isto é assim, é necessária a explicação de como os cientistas procedem quando se preocupam em direcionar os componentes das

24 Conceito de Escola da Bola

capacidades. Como exemplo da coordenação com bola temos três passos muito importantes:

1. A área que será analisada deverá ser claramente delimitada. *O que é a coordenação com bola?*

2. As tarefas ou exigências que deverão ser respondidas e resolvidas nessa área serão agrupadas. *Quais são as exigências coordenativas que se apresentam nos jogos esportivos coletivos?*

3. Será comprovado se as classes de exigências delimitadas podem ser agrupadas em capacidades. *Existe para cada classe de exigências uma capacidade coordenativa correspondente para resolver o problema?*

Três passos parciais no caminho da sistematização das capacidades

No máximo no terceiro passo aparecem as divergências e a variabilidade de opiniões a respeito do tema (cf. B1). Praticamente cada teórico apóia-se em sua própria "perspectiva de coleção". A conseqüência é uma interminável relação de citações, de classes de tarefas relacionadas com as capacidades coordenativas necessárias aos esportes. Estas nomeações logicamente aferem diferentes condições de partida para as pesquisas científicas que são necessárias no terceiro passo. Aqui, geralmente, são aplicados procedimentos estatísticos, análise de dimensão (dimensional) e também análise fatorial. Destas análises estatísticas pode-se (naturalmente com certas restrições) saber quantas e quais alternativas daquelas propostas correspondem como solução a um determinado grupo de exigências. O resultado conseqüentemente não é mais uma surpresa: quando se parte de diferentes formas de agrupar as tarefas coordenativas, no final o resultado provavelmente é um outro modelo de explicação das capacidades.

Em forma retrospectiva o tópico B1 fica agora mais claro por que não é permitido comparar e unificar as sistemáticas coordenativas em um só modelo. Isto, como pode ser visto na figura 4, somente é possível no plano das classes de exigências (segundo passo). Desta forma se tem uma nova base de partida na análise dimensional. Isto significa que o modelo unificado – no caso que se deseja do lado das exigências (observações) conforme as capacidades (latentes) – também é uma comprovação teórica e científica (terceiro plano). Exatamente esta propriedade de garantir as colocações realizadas no esquema apresentado na figura 4 ainda não foi realizada.

É necessária a comprovação empírica!

Escola da Bola orientada para o desenvolvimento das habilidades **25**

Pesquisa de expert: crítica ao pensamento das capacidades

Junto com a dificuldade de se ter uma clara diferenciação das capacidades, são discutidos, hoje, também alguns outros problemas da postura científica na observação via capacidades. As críticas são realizadas fundamentalmente do lado dos pesquisadores acadêmicos e estão dirigidas ao pressuposto básico nomológico, como também a ênfase dela pela presença de alguns parâmetros motores (o que poderia ser evitado). Por isto, alguns cientistas desaprovam esta corrente teórica. No entanto, no momento não é possível descartá-la da prática, como também das ciências do movimento e do treinamento, e, portanto, não pode ficar de fora da Escola da Bola e do ABC desta.

Escola da Bola orientada para o desenvolvimento das habilidades

C1: *Objetivos, conteúdos, métodos*

Uma cesta com elementos de habilidades

A terceira coluna que serve de sustentação à idéia da Escola da Bola resulta da conseqüência prática de algumas reflexões teóricas das ciências do movimento (Hossner, 1995, 1997; cf. C2). Estas deixam supor que também se pode aceitar uma complementação dos exercícios das habilidades na iniciação esportiva. Trata-se de uma possibilidade que ainda não foi completada e somente utilizada em partes de uma fonte para posteriores transferências e efeitos positivos, a complementação de um catálogo ou "caixa" com elementos das técnicas fundamentais. A idéia é que aquilo que vai ser transferido para os jogos em geral tem a ver com semelhanças e coisas comuns relacionadas com o perfil sensório-motor e de habilidade. Na figura 6 encontramos uma ilustração deste tipo de comportamento. O típico movimento esportivo se compõe de uma série de elementos de A até E, que podem apresentar diferentes arquiteturas, e a habilidade C, de construí-las sobre B como também F a J. Enquanto A e B têm detalhes diferentes nas formas de condução para um golpe de tênis como o *forhand*, C representa por exemplo um *topspin* ou o toque no voleibol para um colega na rede (cf. Hossner, 1997, p. 31) Todas as três técnicas contêm – como o elemento B na figura 6 – a determinação de um golpe de cortada, ou de um movimento de empurrar com a tarefa de se determinar a curva de espaço-tempo da bola que cai em direção ao jogador. Este tipo de habilidade ou outras semelhantes serão iguais às classes de exigências coordenativas que quase se sobrepõem em categorias básicas da sensomotricidade, que também podem ser relacionadas com áreas de funções mais claramente diferenciadas das anteriormente relacionadas (por exemplo, as que estão em B1).

Categorias básicas da sensomotricidade

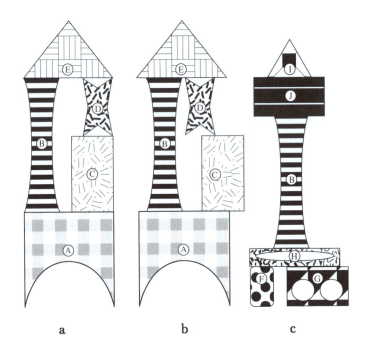

Fig. 6: Habilidades esportivas em uma descrição modelo:
a) elementos de A até E;
b) A até E em outra forma de organização;
c) B e F até J (segundo Hossner, 1997, p. 31).

A forma de proceder na Escola da Bola orientada para as habilidades está desta forma indicada. O objetivo central consiste na aquisição de variada e rica forma de materiais de construção para os movimentos esportivos. Devem ser procuradas e exercitadas habilidades sensomotoras gerais. Neste momento, com a determinação dos elementos táticos e das diversas categorias coordenativas, nos deparamos com a difícil questão do conteúdo. E seria assombroso que exatamente neste momento, na nova forma de pensar a área C, o problema da identificação científica estivesse resolvido.

Materiais para construção de movimentos dos jogos

Como pode então ser preenchido a caixa de habilidades dos jogos esportivos coletivos? As publicações de Hossner e Kortmann (1995 e 1996) indicam que aparentemente existe um caminho possível (prag-

Escola da Bola orientada para o desenvolvimento das habilidades

Primeiros ensaios: teorias específicas do esporte

mático) de ser percorrido. Os aurores concentram-se primeiramente no esporte voleibol e confiam – igual a A1 – plenamente na aquisição de conhecimento e experiências de treinadores de êxito durante muito tempo. E no resumo da pesquisa realizada com o método "*teoria dos experts*": 1) foi desenvolvida uma matriz com 16 classes de situações específicas do voleibol, as quais podem ser resolvidas com 21 classes de combinações de elementos. Um tipo de matriz destas deve ser comprovada empiricamente. Hossner e Kortmann (1997) conseguiram validar uma parte da sua caixa de elementos.

Um ensaio para todos os esportes

Uma transferência deste procedimento para a totalidade dos esportes somente é possível de maneira rudimentar. Quando se pega em A1 os altamente abstratos tipos de situação, em tipos e elementos táticos, como ponto de partida, podemos imaginar que em uma "Escola da Bola" geral, princípio apresentada na tabela 1 – de forma imperativa – os elementos de técnicas devem ser contemplados; isto na realidade soa um pouco distante e impreciso. Aqui é válida com certeza – muito mais que nas áreas orientadas com as capacidades – a frase mais importante: "é necessário mais pesquisa."

Duas observações devem ser incorporadas em relação a escolha dos conteúdos. A primeira orienta-se com os elementos apresentados na tabela 1 sobre as habilidades em relação às analises de Hossner e Kortmann; eles são escolhidos e de certa forma modificados provavelmente em virtude do maior grau de generalização dos esportes coletivos. Em um segundo momento está – como em A1 e B1 –, apesar da falta de uma segurança científica, a tendência dos resultados.

A Escola da Bola orientada para as habilidades aparece como altamente praticável. Os seus conteúdos naturalmente precisaram ser modificados, precisados e complementados. Também há que se contar com a premissa "quando em princípio a direção é correta, não se deve, impreterivelmente, esperar por uma comprovação teórica e empírica até que tudo esteja explicado". Nos procedimentos metodológicos misturam-se duas analogias das áreas A e B. Em vez de deixar jogar, agora se conhece como prioritário exercitar-se, e os elementos devem ser conseqüentemente considerados como independentes das técnicas específicas, devem ser treinadas as habilidades elementares de forma isolada ou unidas às outras.

Tab. 2: Elementos técnicos e sua relação com os elementos táticos.

Técnica \ Tática	Acertar o alvo	Transportar a bola ao objetivo	Tirar vantagem tática no jogo	Jogo coletivo	Reconhecer espaços	Superar o adversário	Oferecer-se e orientar-se
Organizar os ângulos	⊗		⊗	⊗			
Dirigir a aplicação de força	⊗		⊗	⊗			
Determinar o momento e o tempo da bola	⊗		⊗	⊗			
Determinar a linha de corrida e o tempo da bola			⊗	⊗			⊗
Oferecer-se e orientar-se		⊗	⊗	⊗			⊗
Determinar a direção e a distância do passe antecipadamente		⊗	⊗	⊗			
Antecipar a posição do defensor		⊗	⊗	⊗	⊗	⊗	⊗
Observar linhas de corrida		⊗	⊗	⊗	⊗	⊗	⊗

Oito habilidades técnicas básicas gerais

Na Escola da Bola orientada para as habilidades deve-se tomar um material de construção que seja passível de transferência e geral a todos os esportes coletivos (objetivo). Serão exercitados elementos individuais por si próprios, de forma simples, e também combinados uns com os outros (método).

Objetivos, conteúdos e métodos

Escola da Bola orientada para o desenvolvimento das habilidades

Psicologia cognitiva

C2: *Bases teóricas*

A idéia do conceito relacionada com as habilidades organizadas, estruturadas, são provenientes do ramo da psicologia cognitiva. Nesta se encontra um modelo básico de grande importância formulado pelo filósofo americano Fodor (1983) e denominado *hipótese da modularidade*.

Hipótese da modularidade

"A célula do pensamento de Fodor deve ser vista em relação ao aparelho cognitivo do ser humano que possui complexas e sobrepostas tarefas (do sistema nervoso central), das quais a complementação das junções intelectuais superiores às conseqüências, os pensamentos e a organização do comportamento voluntário correspondentes. Este destacado (e com fino sentido) sistema central consiste em unidades vazias ligadas antes e depois; por um lado oferecem uma 'foto' sobre o ordenamento das coisas do meio ambiente e do mundo; por outro lado as intenções precisas se transferem. Pelo lado dos altamente complexos processos de elaboração de informações que estão ordenadas nos sistemas de *input* e *output*, só se tem um acesso extremamente limitado. Este deve trabalhar de forma rápida e automática para relacionar-se com os aspectos específicos da tarefa." (Hosser e Kortmann, 1995, p. 43)

Modelos de recepção (input) e ação (output)

As unidades sem nada na cabeça[*] (ocas) são escritas por Fodor como módulos e conforme sua função como modelos de *input* ou *output*. Fodor tem trabalhado quase que exclusivamente com o lado do *input*; os trabalhos científicos de Hossner (1995) estão dirigidos ao esporte e se ocupam de apresentar uma transferência para o lado do *output*. Além disso podem por meio de intensivo treinamento ou aprendizagem apresentarem relações diretas entre os modelos de *input* e *output* (módulos sensório-motores).

Uma forma simplificada do pensamento conjunto do modelo com as sugestões da Escola da Bola orientada para as habilidades não deve ser agora tão difícil de compreender. Os modelos devem ser compreendidos e interpretados como correlatos internos dos elementos, peças técnicas a serem adquiridas e aprendidas. A edificação de movimentos como está na figura 6 se encontra pela ativa construção de uma tarefa relacionada com a situação combinando os módulos (A até B; F até I). Pode ser somente sugerido que a hipótese da modularidade com o conceito da "ativa construção" se distancie, e muito, da teoria dos programas motores generalizados e se destaque também de outra forma com as argumentações da orientação para as capacidades, pois emprega as estruturas comuns da condução do movimento de forma realista. Mais informações podem ser extraídas de forma completa em Hossner (1995).

---

[*] É dessa maneira que Fodor se refere à teoria da informação e aos postulados comportamentalistas em relação à "caixa preta".

Conceito de Escola da Bola

O conjunto de habilidades, peças gerais da área C, denominado por ***Intramódulos*** Hossner (1995) e Hossner e Kortmann (1995, 1996, 1997) com o termo ***e treinamento*** de treinamento intramodular é claramente diferenciado do treinamento técnico no seu sentido próprio. Este corresponde realmente ao concreto, específico jogo entre os diferentes módulos (ou seja, um treinamento intramódulos), e precisa de um lugar fixo no ABC da Escola da Bola. Este começo é importante nas etapas seguintes do processo de formação.

Resumo

- "Antes nós jogávamos o dia todo com bolas de futebol, na rua, e ***Antes e...*** jogávamos todo tipo de variantes do jogo. A experiência que nós adquiríamos em uma rica e vasta opção de jogo era nossa base; nosso fundamento". (Jörg Daniel – treinador de futebol)

- Hoje as crianças adquirem o ABC do jogo excepcionalmente na rua, ***... hoje*** nos parques ou nos campos de várzea. A Escola da Bola quer aqui dar uma ajuda e funcionar como "substituto" para garantir aos iniciantes essa formação multilateral.

- Resumindo de forma simples, as crianças aprendem na Escola da ***Objetivos,*** Bola a ter "leitura" do jogo (competência tática) e a "escrever" de ***conteúdos,*** forma sensório-motriz (pré-requisitos coordenativos – "peças" ***métodos e...*** técnicas). As bases teóricas para a caracterização dos objetivos, conteúdos e métodos (A1, B1, C1) foram tomadas de aspectos da psicologia geral (A2), da psicologia diferencial (B2) e da psicologia cognitiva (C2).

- A Escola da Bola está dirigida fundamentalmente para todos os no- ***... grupos*** vatos nos jogos e pode ser aplicada seguindo diferentes perspecti- ***objetivados*** vas e objetivos. Relacionada com os níveis pode se diferenciar e modificar sua área de atuação para a diminuição de *déficits* motores previamente detectados até a base necessária para ser posteriormente um "artista com a bola". Estes também – e particularmente mais que os outros – exercitam de forma intensiva e ampla o ABC da Escola da Bola. É válido, geralmente, que a "arte de saber jogar" não cai do céu (pois neste caso não seria denominada arte).

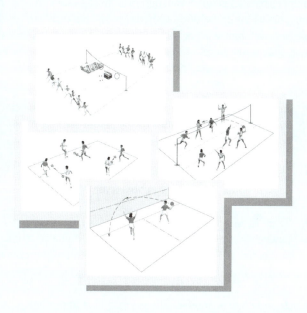

Escola da Bola orientada para jogos situacionais

Introdução

Simbologia dos desenhos e formas de apresentação

Coleção de jogos

Acertar o alvo
Transportar a bola ao objetivo
Tirar vantagem tática no jogo
Jogo coletivo
Reconhecer espaços
Superar o adversário
Oferecer-se e orientar-se

Capítulo 2

Introdução

As linhas básicas gerais foram descritas no capítulo 1. A seguir é importante colocar algumas idéias sobre como operacionalizar, isto é, pôr em prática os diferentes aspectos citados; portanto, montaremos uma "caixa ou coleção de jogos". Os jogos apresentados contêm a forma do relacionamento com as sete "peças táticas".

- *Acertar o alvo*: Tarefas táticas em que se deve lançar, chutar, combater, disparar etc. uma bola para um alvo, de modo que atinja um local escolhido.

  Definição das peças táticas

- *Transportar a bola ao objetivo*: tarefas táticas em que se objetiva transportar, jogar, levar a bola a um objetivo determinado.

- *Tirar vantagem tática no jogo*: tarefas táticas em que o importante é, por meio do jogo conjunto com o colega, conseguir um ponto, um gol ou até "preparar" o ponto, ou o gol para o colega converter etc.

- *Jogo coletivo*: tarefas táticas em que o importante é receber a bola do colega ou passar a bola para este.

- *Reconhecer espaços*: tarefas táticas em que é importante reconhecer as chances para se chegar ao gol.

- *Superar o adversário*: tarefas táticas em que, no confronto com o adversário, consegue-se assegurar a posse da bola.

- *Oferecer-se e orientar-se*: tarefas táticas em que o importante é, no momento exato, obter uma ótima posição.

Três coisas aparecem como claramente entendidas. Primeiro é a regra, e não a suposição, de que uma forma de jogo pode ter incorporado no seu conteúdo mais de uma "peça" tática. Segundo, os perfis dos jogos não são preenchidos por completo através das peças táticas básicas. Eles se constituem, no mínimo, de situações específicas com classes de exigências que fazem o jogo mais interessante, mais atraente; porém não possuem um caráter imediato de transferência ao esporte e, portanto, não devem ser incorporados sistematicamente à Escola da Bola ou aprofundados através de muitas repetições. Em um terceiro momento, não se

Características dos jogos

Introdução   33

deve ter a impressão de que se está apresentando uma nova coleção de jogos ainda não publicados; serão apresentados muitos jogos já conhecidos, porém em forma e seqüência metodológicas diferentes.

Três critérios para o ordenamento dos jogos

A estrutura tática dos jogos constitui seu critério de ordenamento maior e mais importante. As exigências colocadas às crianças no respectivo "papel ofensivo" a ser desenvolvido nos jogos são decisivas. Na maioria dos casos já está constituída uma segunda equipe que atua em forma de rotação, e que será defrontada com as tarefas defensivas. Em alguns jogos as duas equipes atuam simultaneamente ou se enfrentam de forma indireta, sem a presença de adversário, na forma de estafeta, de concurso etc. Cada sugestão pode ser – dita de forma pragmática e simples – ordenada em uma das peças que apresentam pela sua idéia (do jogo) a mais alta prioridade. Existem, desta forma, sete grupos ou parâmetros táticos. Por categoria serão apresentados de seis a oito formas de jogo. Essas serão, primeiramente, colocadas na seqüência conforme a bola seja jogada (com a mão, com o pé ou com uma raquete), segundo o critério de ordenamento e, finalmente, conforme seu nível de complexidade, de exigência por nós calculada (terceiro critério de ordenamento).

Exigências mínimas

Todos os jogos escolhidos e ordenados dessa forma devem preencher as seguintes exigências mínimas:

- eles têm um caráter próprio, específico; não são preparatórios para um jogo – esporte – específico (cf. cap. 1);

- eles podem ser aplicados e adaptados de forma variável em diferentes requisitos de aprendizagem e campos isolados;

- eles possuem um regulamento simples e de fácil compreensão;

- eles são rapidamente organizáveis e sem muita necessidade do uso de aparelhos.

Possibilidades de aplicação

Os jogos podem ser apresentados tanto no início da aula como também na parte principal e no final desta. Não serão apresentadas nem oferecidas propositalmente aulas já preparadas em forma de receita ou de modelo. A constituição destas é tarefa do responsável (professor, treinador, monitor etc.), que deve, permanentemente, equacionar os aspectos ambientais, as classes e as condições das equipes que poderão e deverão ser montadas, o espaço disponível, o material, o número de alunos etc.

Simbologia dos desenhos e formas de apresentação

Na figura 7 são detalhados os símbolos que serão utilizados para a *Ordenador dos* descrição e a explicação dos jogos. Logo no final será apresentado um *jogos* jogo através do qual serão estendidos os esclarecimentos (cf. figura 8). Acima do nome dos jogos encontram-se duas linhas: a de cima indica quais são os componentes táticos intrínsecos ao jogo (primeiro critério de ordenamento). A intensidade das cores serve como forma de ilustração do quão importantes são essas "peças" táticas. É válido o seguinte princípio: quanto mais escura a cor básica, mais significativa – sob nosso ponto de vista – a "peça" apresentada. A segunda linha apresenta uma mão, um pé, uma raquete etc. (segundo critério de ordenamento), como também uma apreciação do nível de dificuldade avaliado em uma escala de I a III (onde I = pouca dificuldade; II = média dificuldade; III = alta dificuldade).

Embaixo do nome, o jogo será primeiro ilustrado graficamente e logo depois explicado. Na parte final são colocados os pontos importantes sobre organização e detalhes sobre possíveis variações. Finalmente, entre parênteses, são colocados novamente os critérios e símbolos para o segundo e o terceiro critérios.

Simbologia dos desenhos e formas de apresentação — 35

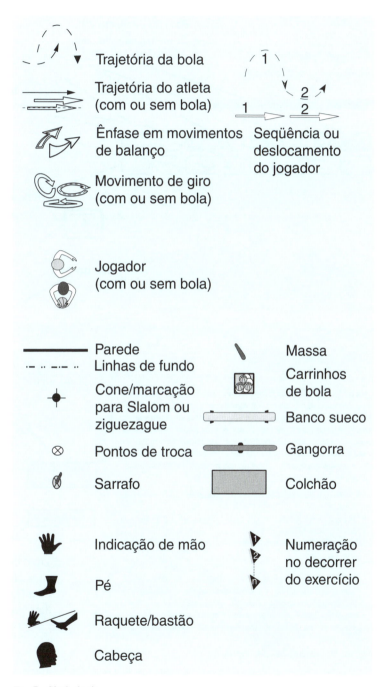

Fig. 7: Simbologia.

36   Escola da Bola orientada para jogos situacionais

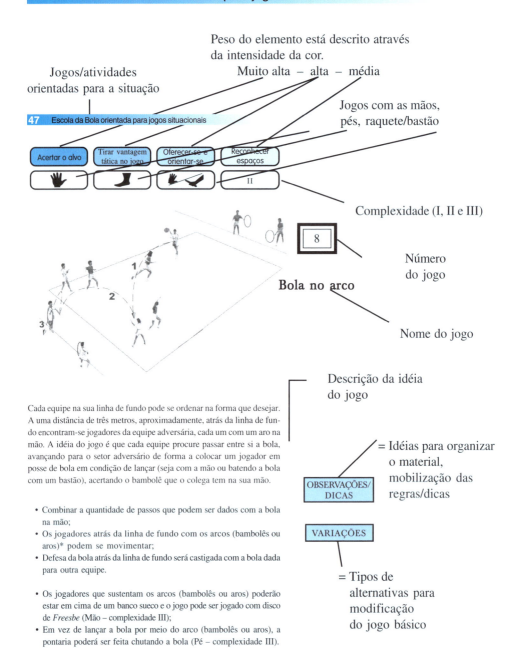

Cada equipe na sua linha de fundo pode se ordenar na forma que desejar. A uma distância de três metros, aproximadamente, atrás da linha de fundo encontram-se jogadores da equipe adversária, cada um com um aro na mão. A idéia do jogo é que cada equipe procure passar entre si a bola, avançando para o setor adversário de forma a colocar um jogador em posse de bola em condição de lançar (seja com a mão ou batendo a bola com um bastão), acertando o bambolê que o colega tem na sua mão.

- Combinar a quantidade de passos que podem ser dados com a bola na mão;
- Os jogadores atrás da linha de fundo com os arcos (bambolês ou aros)* podem se movimentar;
- Defesa da bola atrás da linha de fundo será castigada com a bola dada para outra equipe.

- Os jogadores que sustentam os arcos (bambolês ou aros) poderão estar em cima de um banco sueco e o jogo pode ser jogado com disco de *Freesbe* (Mão – complexidade III);
- Em vez de lançar a bola por meio do arco (bambolês ou aros), a pontaria poderá ser feita chutando a bola (Pé – complexidade III).

Fig. 8:   Representação dos jogos.

*   Podem ser usados arcos, bambolês ou aros, mas ressaltamos que arcos são mais usados na Ginástica Olímpica e na Ginástica Rítmica Desportiva e têm tamanho oficial; já aros e bambolês têm tamanhos diferentes e por isso são mais adequados para as atividades apresentadas neste livro.

Acertar o alvo | 37

Acertar em cheio

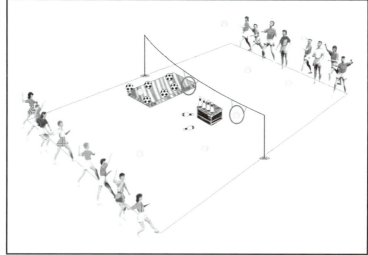

Duas equipes jogam entre si. Elas estarão no seu próprio campo de jogo, delimitado por cordas, banco sueco ou outro material similar. A tarefa consiste, num tempo previamente estabelecido, em acertar determinados "alvos", que estarão posicionados de forma variada, por exemplo:
- Objetos no chão (bolas, jornal, colchão etc.);
- Objetos pendurados no ar (alvos, aros pendurados por corda etc.).

OBSERVAÇÕES/ DICAS

- Também pode ser jogado na forma de estafeta com uma ou duas bolas por equipe;
- Objetivos fixos no solo são importantes para se fixar a dosificação da força e o tipo de lançamento (cf. capítulo 4).

VARIAÇÕES

- Utilizar alvos/objetivos de diferentes tamanhos e com variada forma de pontuação;
- Variação do tipo de lançamento: direta, indireta, de costas (Mão – complexidade II e III);
- Modificar o local e o ponto onde se realiza o lançamento (Mão – complexidade I e III);
- As bolas lançadas deverão passar pelo meio dos espaços (p. ex., partes de plintos);
- As bolas deverão ser chutadas ou rebatidas com objetos para acertar (Pé, raquete – complexibilidade II).

38 Escola da Bola orientada para jogos situacionais

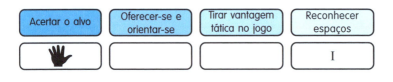

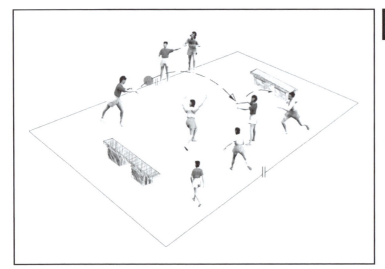

Bola no gol/ bola na gaveta

A equipe em posse da bola faz o gol quando consegue passá-la entre dois caixotes. Os gols são colocados no campo, de forma que a bola possa ser lançada a estes por diferentes lados. Em volta de cada gol é marcado um círculo com giz no qual nenhum jogador de ataque ou defesa pode invadir. Pontuação: passar a bola – dois pontos; acertar o caixote – um ponto.

OBSERVAÇÕES/ DICAS

- Delimitar previamente a linha de lançamento/chute;
- Combinar as regras de invasão previamente;
- Jogar sem delimitar a quantidade de passos com a bola;
- Apresenta-se a alternativa de marcação individual.

VARIAÇÕES

- Quatro equipes jogam simultaneamente (Mão – complexidade I);
- Oferecer mais espaço com plintos ou caixotes para fazer o gol. O objetivo é fazer o gol de forma direta ou indireta (Mão, pé – complexidade I).

Acertar o alvo **39**

A ilha

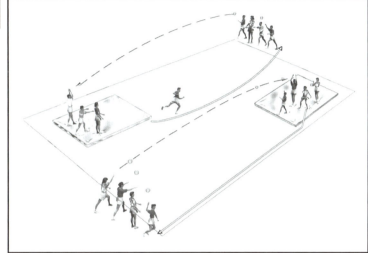

Duas equipes se confrontam entre si. Cada equipe deve ter o mesmo número de lançadores e de receptores. Primeiro tempo: os lançadores procuram passar a bola aos receptores que estão acima dos colchões ou nos setores demarcados. Quando os receptores pegam o passe – sem sair do setor – deslocam-se com a bola para a fileira dos lançadores. Quando não se têm mais receptores, inicia-se o segundo tempo. Os lançadores do início correm aos colchões e se transformam em receptores. Cada vez que pegam uma bola devem contar até dez, por exemplo, e ficam no colchão. Após dez acertos, todos se reúnem no colchão.

OBSERVAÇÕES/DICAS
- Adaptar a distância passador/receptor à capacidade técnica e à condição das crianças;
- Cada equipe recebe bolas de diferentes tamanhos e pesos;
- Os receptores não podem sair do colchão para receber e podem devolver a bola rolando, com um pé etc.

VARIAÇÕES
- Passar a bola de costas (Mão – complexidade III);
- Variar a forma do chute: parte interna do pé, peito do pé etc. (Pé – complexidade III);
- Passar a bola com uma raquete ou batendo-a com algum objeto (Raquete – complexidade I).

Escola da Bola orientada para jogos situacionais

Bola de costas

Cada equipe deve acertar em um colchão (ou espaço delimitado previamente) e deve defender, do adversário, o próprio espaço. Os jogadores de uma equipe só podem passar a bola, entre si, de costas para o colega e passando esta por entre as pernas ou sobre a cabeça. Quem tem a bola não pode correr com ela.

- Proibir que a defesa faça contato pelas costas do jogador em posse da bola;
- Pode-se ter zonas proibidas de invasão perto dos gols;
- Estabelecer regras de saque lateral e de tiros livres;
- Elevada exigência na percepção.

OBSERVAÇÕES/DICAS

- Ter um "coringa" por equipe que possa jogar em todas as direções, porém, não pode fazer gol (Mão – complexidade III);
- Passes na direção do próprio gol também devem ser feitos de costas (Mão – complexidade III).

VARIAÇÕES

Acertar o alvo

Bola numerada

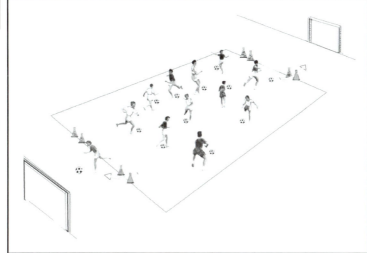

Em um campo de jogo todos os integrantes das equipes se deslocam livremente, conduzindo uma bola cada um. Cada jogador recebe um número e tem um colega do outro time com número igual ao dele. No momento em que o treinador grita seu número, cada jogador deve partir para o campo adversário driblando, passar pelos cones (também indicados pelo treinador) e chutar a gol, fazendo pontaria em um setor. Quem conseguir acertar o gol adversário primeiro ganha ponto para sua equipe.

OBSERVAÇÕES/ DICAS

- O tamanho do campo de jogo no qual o jogador conduz a bola, a distância até os cones e o tamanho do gol dependem, fundamentalmente, do nível de aprendizado dos alunos e das características de rendimento motor destes.

VARIAÇÕES

- Os jogadores podem procurar tirar a bola do adversário sem perder a deles (Pé – complexidade II);
- Os cones devem ser contornados uma vez antes de se chutar a gol (Pé – complexidade I);
- Conduzir a bola com as mãos – drible (Mão – complexidade I).

42 Escola da Bola orientada para jogos situacionais

Roubar a bola no drible

Os jogadores de cada equipe conduzem uma bola e procuram paralelamente tirar a bola do adversário, chutando-a longe. O jogo finaliza quando há somente um jogador com posse de bola.

- Cada jogador tem uma bola;
- Os jogadores que saem devem fazer embaixadinhas fora do campo;
- Observar para que não se tenha contato corporal;
- A bola deve estar o mais próximo possível do corpo;
- Tirar o contato visual da bola.

OBSERVAÇÕES/ DICAS

- Em vez de sair do jogo, quem perdeu a bola deve fazer tarefa extra, como, por exemplo, tirar a bola do outro várias vezes (Pé – complexidade II);
- Jogar com a mão (Mão – complexidade I);
- Podem ser colocados obstáculos na área de drible (Mão, pé – complexidade II).

VARIAÇÕES

Acertar o alvo 43

Alvo móbil

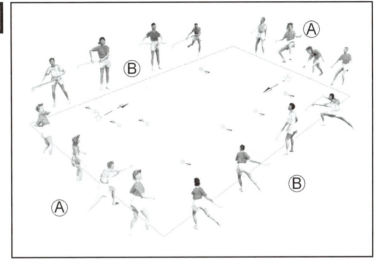

A equipe A se posiciona nas duas linhas da frente. A equipe B se distribui sobre as linhas laterais. A equipe A passa uma bola entre si, rolando com a mão várias vezes. A equipe B procura acertar com a bola de tênis as bolas da equipe A. Após troca de posição, ganha quem tiver mais pontaria.

OBSERVAÇÕES/ DICAS
- As distâncias devem ser adequadas à faixa etária;
- Na equipe B cada um tem uma bola;
- Os alvos móveis permitem exercitar parâmetros do movimento de lançamento com a raquete ou bastão (cf. capítulo 4).

VARIAÇÕES
- A equipe A joga a bola pelo alto (Mão – complexidade III);
- A equipe A passa com um pé, usando diferentes formas de passe. A equipe B lança com a mão bolas de tênis (Mão, pé – complexidade II - III);
- A equipe passa entre si a bola como bastão. A equipe "B" procura acertar chutando bolas de tênis (Mão, pé – complexidade III).

Escola da Bola orientada para jogos situacionais

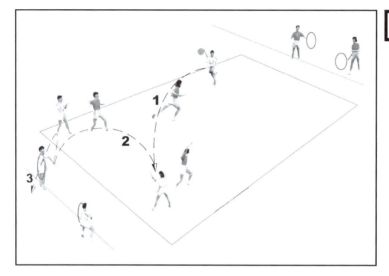

Bola no aro

Cada equipe na sua linha de fundo pode se ordenar na forma que desejar. A uma distância de três metros, aproximadamente, atrás da linha de fundo encontram-se jogadores da equipe adversária, cada um com um aro na mão. A idéia do jogo é que cada equipe procure passar entre si a bola, avançando para o setor adversário de forma a colocar um jogador em posse de bola com condição de lançar (seja com a mão ou batendo a bola com um bastão), acertando o bambolê ou aro que o colega tem na sua mão.

OBSERVAÇÕES/DICAS

- Combinar a quantidade de passos que podem ser dados com a bola na mão;
- Os jogadores atrás da linha de fundo com os aros podem se movimentar;
- Defesa da bola atrás da linha de fundo será castigada com a bola dada para outra equipe.

VARIAÇÕES

- Os jogadores que sustentam os aros poderão estar em cima de um banco sueco e o jogo pode ser jogado com disco de *freesbe* (Mão – complexidade III);
- Em vez de lançar a bola por meio do aro, a pontaria poderá ser feita chutando a bola (Pé – complexidade III).

Transportar a bola ao objetivo   45

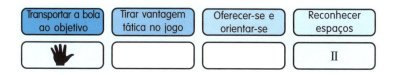

A caça da "pantera"

9

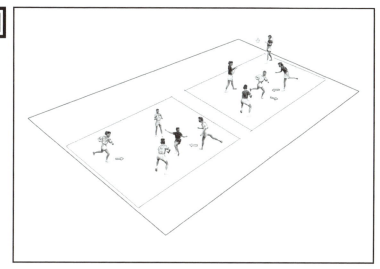

Cada equipe tem um espaço de jogo delimitado e envia, a cada espaço de tempo, um jogador para o campo contrário ("pantera"). Ao sinal, os jogadores passam a bola entre si, de forma que o receptor esteja o mais próximo possível da "pantera". Não se pode correr com a bola na mão. Quando uma equipe consegue encostar com a bola na "pantera", acaba o jogo. Os passes se iniciam simultaneamente nos dois campos.

| OBSERVAÇÕES/DICAS |
- Adaptar o campo de jogo;
- As "panteras" sinalizam o toque;
- As "panteras" não podem sair do campo de jogo;
- Fintas de corpo e direção (fintas de corrida) podem ser úteis para a "pantera";
- Todos os jogadores devem estar sempre atentos para receber a bola, pois a velocidade do jogo é grande.

| VARIAÇÕES |
- Jogar com duas bolas que devem ser passadas entre os jogadores da equipe (Mão – complexidade III).

46 Escola da Bola orientada para jogos situacionais

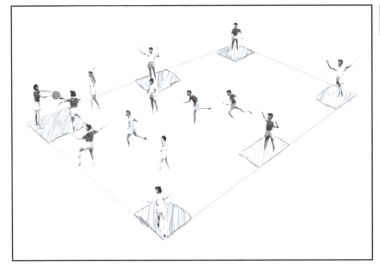

Bola nos cantos

Cada equipe tem uma determinada quantidade de colchões (podem ser também espaços delimitados), nos quais se posicionará um jogador – os denominados jogadores do canto. Os colegas restantes procuram passar a bola entre si e fazê-la chegar aos jogadores do canto, de forma a obter o gol sem que a equipe adversária encoste no colchão.

- Pode-se ter uma superioridade numérica de jogadores nos cantos;
- Infrações às regras das passadas podem ser punidas com tiros livres do local (handebol) ou da lateral (basquete).

| OBSERVAÇÕES/ DICAS |

- Jogar passando a bola com os pés (Pé – complexidade III);
- Jogar com duas bolas (Mão, pé – complexidade III).

| VARIAÇÕES |

Transportar a bola ao objetivo 47

Ponte aérea

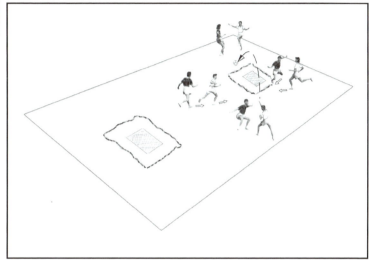

Cada equipe recebe um espaço delimitado por duas áreas: uma de gol e outra de proteção. O objetivo é que os jogadores passem a bola entre si de forma que um deles possa recebê-la no ar - pulando fora da zona de proteção e caindo, com a bola nas mãos, no setor de gol. Não se pode correr com a bola na mão.

OBSERVAÇÕES/ DICAS

- O tamanho do campo de jogo deve ser escolhido de forma variável, adaptando-o às condições do grupo. Variada organização dos setores de gol;
- Impreterivelmente insistir na proibição de contato pessoal (principalmente no momento da ponte aérea);
- É interessante como jogo na grama.

VARIAÇÕES

- No início, pode-se prescindir da zona de proteção do vôo da bola. (Mão – complexidade II);
- Jogar com duas bolas (Mão – complexidade III).

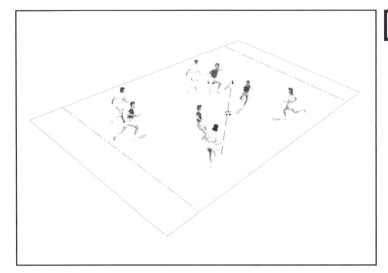

Bola na linha

Duas equipes procuram ter a posse da bola dentro do campo de jogo. A cada uma delas é entregue uma linha (setor) de fundo da quadra. O objetivo é que os jogadores passem a bola entre si e um destes consiga passar ao colega que terá que recebê-la (pará-la) através da linha de gol da equipe adversária. Assim se obtém o ponto.

OBSERVAÇÕES/DICAS

- Quando há equipes muito numerosas, pode-se estabelecer mais linhas para fazer o gol;
- Recomendar a marcação individual;
- Para evitar que os mais habilidosos na driblagem se destaquem, estabelecer um número mínimo de passes;
- A regra de três segundos de permanência na linha de fundo pode ser introduzida no jogo.

VARIAÇÕES

- Um jogador sempre atrás da linha de fundo (Pé – complexidade I);
- O jogador não pode andar com a bola e não se pode tirá-la dele (Pé – complexidade III);
- Jogos com a recepção e o lançamento e com a regra dos três passados (Mão – complexidade II).

Transportar a bola ao objetivo   49

| 13 |

Colocar
os ovos

Duas equipes jogam entre si, tentando pegar a bola uma da outra. No campo de jogo são distribuídos bambolês ou aros de ginástica. Os jogadores passam a bola entre si. Quem estiver com a posse da bola e se encontrar dentro de um bambolê, conseguindo parar esta (pode ser com a mão), consegue um ponto. O ponto somente é válido se no momento de pegar a bola o adversário não estiver com o pé dentro do bambolê.

OBSERVAÇÕES/ DICAS
- Colocar sempre três bambolês a mais do que a quantidade de jogadores;
- Quando se faz o gol em um aro, não se pode voltar a ele de imediato; deve-se fazer o gol em outro.

VARIAÇÕES
- Jogar com a mão (o passe) e receber no bambolê, considerando as regras dos passos (Mão – complexidade II);
- O último passe antes de se parar a bola (bambolê) deve ser em passe indireto (Mão, pé – complexidade III).

50 Escola da Bola orientada para jogos situacionais

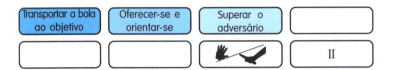

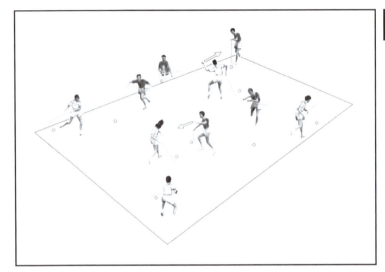

14

Tocado/ queimado

Duas equipes se colocam cada uma atrás de sua linha de fundo. Cada jogador tem uma bola e um bastão para conduzir a mesma (pode ser qualquer objeto para conduzir). Um jogador de cada equipe se coloca no meio de campo também com uma bola e um bastão; eles serão os caçadores. Ao sinal, cada jogador deve tentar chegar na linha de fundo da outra equipe fugindo do caçador. Os que são encostados (tocados ou queimados) devem permanecer fora do campo. Para encontrar os caçadores, deve-se usar a mão livre. Cada tocado/queimado é um ponto para o adversário.

- Quanto maior o campo de jogo, mais difícil para o pegador;
- O número de passagens de um campo a outro está determinado pela quantidade de jogadores de cada equipe. Todos devem ter oportunidade de ser caçadores.

OBSERVAÇÕES/ DICAS

- Os caçados e os caçadores devem guiar a bola (Mão – complexidade I);
- Os caçados e os caçadores devem conduzir a bola com o pé (Pé – complexidade I);
- Jogar com a mão/pé menos hábil (Mão, pé, bastão/raquete – complexidade III).

VARIAÇÕES

Bola no colchão

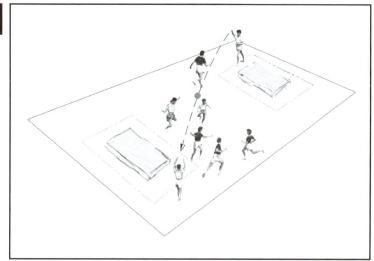

Cada equipe tem de defender e atacar em um colchão de ginástica. Em volta deste existe um setor de lançamento demarcado. O objetivo é que os jogadores passem a bola entre si (obter uma posição favorável de lançamento fora da "zona-tabu") no colchão do adversário. Qual time obtém a maior quantidade de gols?

OBSERVAÇÕES/DICAS

- Primeiramente jogar proibindo driblar a bola e com regras de passadas. Aos poucos deixar driblar;
- Recomenda-se a marcação individual.

VARIAÇÕES

- Em cada colchão haverá um goleiro (Mão – complexidade I);
- Dois ou mais colchões para se fazer o gol (Mão – complexidade I);
- A equipe em posse da bola pode fazer gol em qualquer colchão, mas com uma exceção: não se pode pontuar duas vezes seguidas no mesmo colchão (Mão – complexidade I);
- Passes com o pé (Pé – complexidade II);
- Os colchões podem ser colocados em pé na frente de uma parede (Mão, pé – complexidade I).

52 Escola da Bola orientada para jogos situacionais

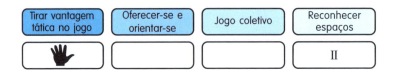

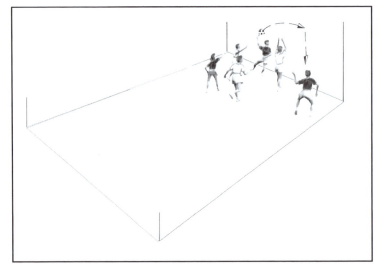

16

Bola na parede

Duas equipes frente a uma parede – cada uma tem um setor – na qual devem jogar a bola. O espaço de jogo na parede deve estar delimitado, dividido ao meio, uma metade para cada equipe. Cada equipe procura jogar a bola no quadrado do adversário e tentar pegar o rebote antes que a bola toque o chão. Cada rebote tem um ponto. A cada rebote, a equipe deve voltar para seu próprio campo. Qual equipe consegue mais gols?

- A distribuição dos atletas no campo de jogo é muito importante para se conseguir pontos;
- Deve-se dar ênfase ao jogo sem contato pessoal, principalmente nas bolas que rebotam com a parede, onde há perigo de choques;
- Combinar regras de passos.

OBSERVAÇÕES/ DICAS

- A bola que bate na parede não pode ser recepcionada diretamente, e sim receber um "tapinha" para que um outro colega a recepcione (Mão – complexidade III);
- Os pontos do rebote serão contados somente após uma (previamente estabelecida) quantidade de passes (Mão – complexidade III);
- Jogar com bola de *rugby* na tabela de basquete (Mão – complexidade III).

VARIAÇÕES

Tirar vantagem no jogo 53

Reboteiro

17

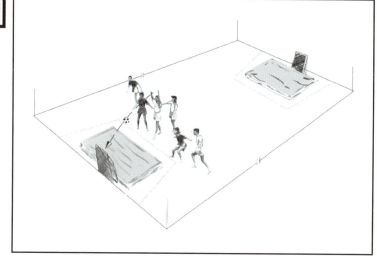

Dois minitrampolins ou tampas de plinto são colocados em pé na frente da linha de fundo, protegidos em um colchão de salto (ou vários colchões), fazendo uma área. Na frente destes, deve-se marcar uma área onde será proibido invadir pelo ataque ou defesa. Os minitrampolins são válidos como se fossem gols ou alvos. O ponto é obtido após lançar acertando o minitrampolim e a bola quicar fora do colchão. A equipe que faz mais pontos ganha.

OBSERVAÇÕES/ DICAS

- O espaço da área deve estar próximo ao formato de um trapézio;
- A distribuição variável dos colchões e do minitrampolim pode facilitar ou dificultar o ataque;
- Quando houver contato entre os jogadores, deve-se marcar um tiro livre indireto.

VARIAÇÕES

- Trocar de lado a cada cinco pontos (Mão – complexidade II);
- Jogar com quatro minitrampolins (Mão – complexidade II);
- O rebote deve ser pego por um colega para ser gol (Mão – complexidade III);
- O rebote não pode ser pego, e sim dado um "tapinha" na bola para que o outro colega pegue (Mão – complexidade III).

54 Escola da Bola orientada para jogos situacionais

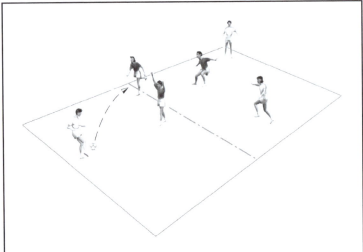

Troca de campo

Duas equipes jogam entre si com uma bola, lutando pela sua posse. O objetivo do jogo é fazer com que a bola seja recepcionada por um colega do outro lado do campo. Os passes dentro do próprio campo não contam. Se o adversário pegar a bola ou encostar nela, não vale o ponto. Qual equipe consegue mais pontos?

- Cones ou marcações no chão podem dar variabilidade ao corpo do jogo;
- Campos pequenos aumentam a exigência de jogo;
- A opção de marcação individual pode ser combinada;
- Determinar um mínimo e um máximo de passes em cada setor antes de passar a bola para o outro campo.

OBSERVAÇÕES/ DICAS

- Passar e receber (Mão – complexidade I);
- Duas bolas (Mão, pé – complexidade II);
- Três ou quatro campos de jogo: cada passe (ou após uma determinada seqüência) vale um ponto (Mão, pé – complexidade III).

VARIAÇÕES

Tirar vantagem no jogo 55

Quatro gols

Em um campo de jogo são colocados quatro gols (por exemplo, com cones ou com postes), e cada equipe em posse da bola deve procurar passá-la por entre os gols. Assim, cada lado dos gols deve ter um jogador (um jogador e um receptor); cada vez que a equipe consegue passar a bola sem que o adversário a pegue, ganha um ponto.

OBSERVAÇÕES/ DICAS
- Quanto maior o campo, menor os gols e vice-versa;
- Finta de corrida deve ser enfatizada para se poder sair da marcação;
- Passes entre os postes somente até a altura dos cones;
- Prestar atenção ao jogo para se evitar contato pessoal.

VARIAÇÕES
- Quando a bola é jogada entre todos os componentes da equipe, pode-se partir para fazer gol ou pode-se dar dois pontos (Pé – complexidade II);
- Variações de passes no jogo somente com as mãos (Mão – complexidade I).

Escola da Bola orientada para jogos situacionais

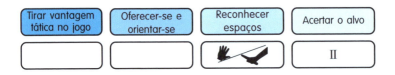

Gol largo

O campo de jogo é dividido em um espaço de ataque e outro de defesa. Na região da defesa se encontra um gol, muito grande (de preferência de lado a lado da quadra), que será defendido por dois a quatro goleiros. Os jogadores que não estão no gol podem ser defensores e jogar também no ataque. A equipe B pode jogar no ataque (região da defesa adversária), mas não pode entrar na área dos goleiros. O objetivo é que os que estão em posse da bola consigam passá-la e deixar um colega em clara posição de tiro ao gol. Conforme a quantidade de chances de gol que se dá para uma equipe, pode-se revezar a cada vinte ataques ou vinte tiros ao gol.

OBSERVAÇÕES/DICAS

- Já que o time em defesa tem mais de um goleiro, a equipe em ataque estará em superioridade numérica;
- A bola poderá ser rolada com as mãos, com uma madeira/raquete, com o tênis ou até com um bastão de *hockey*.

VARIAÇÕES

- Colocar o gol no meio do campo de forma a ter ambos os lados para fazer gol (Raquete/bastão – complexidade II).

Jogo coletivo 57

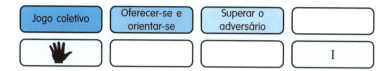

Os "tigres"

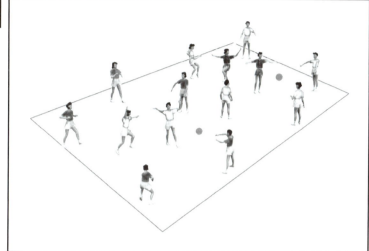

São formadas duas equipes. Cada uma delas se posiciona em forma de círculo e envia um ou dois colegas para o círculo adversário ("tigre"). Ao sinal, os jogadores de cada equipe passam a bola entre si pelos círculos sem ordem definida (o passe não pode ser mais alto que a cabeça). Enquanto isso, os "tigres" devem procurar pegar a bola ou encostar em quem está de posse desta. Os "tigres" que conseguem pegar a bola mais rápido fazem ponto para a sua equipe. Reinicia-se o jogo com outros "tigres". Qual equipe faz mais pontos?

OBSERVAÇÕES/ DICAS

- No caso de uma equipe ter erros de recepção (ou passe errado), provocando interrupção do jogo por cinco a dez segundos, poderá ser dado aos "tigres" 1/3 de pontos ou 1/3 de pontos roubados (*stealpoint*). Três vezes = um ponto;
- Os tigres não podem sair dos círculos.

VARIAÇÕES

- Para poder se manter nas posições, pode-se marcar com bambolê ou com giz os espaços de cada jogador (Mão – complexidade II);
- Solicitar uma variação do tipo de passe: uma mão-duas mãos, direto-indireto, rolado etc. (Mão – complexidade II);
- Estabelecer proibições: não se pode passar a bola ao colega mais próximo; não se permite tabelinha: passe e devolução (Mão, pé – complexidade III).

Escola da Bola orientada para jogos situacionais

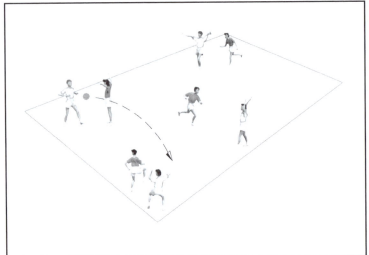

Soma de passes

Duas equipes tentam pegar a bola. Cada uma deve procurar passar a bola entre si a maior quantidade de vezes possível. O time adversário procura interceptar ou antecipar a bola e pegá-la. Cada passe é um ponto.

OBSERVAÇÕES/ DICAS

- No caso de um jogador ter a posse da bola muito tempo, ou der mais de dois passos com a bola na mão; no caso de contato pessoal, ou de segurar, empurrar etc., ou quando se ultrapassa as linhas do campo, deve-se dar a troca da posse da bola;
- Determinar o tipo de passe (uma mão-duas mãos; direto-indireto);
- Proibir a tabelinha (passe e devolução com o mesmo colega).

VARIAÇÕES

- Após 10/20 passes, se não perder a bola obtém um *"Big-point"* (Mão – complexidade III);
- Cada jogador de uma equipe tem um número. Se os passes vão na seqüência, aumenta-se os pontos (Mão – complexidade III);
- Passes com o pé ou com o bastão (Pé, bastão – complexidade III).

Jogo coletivo 59

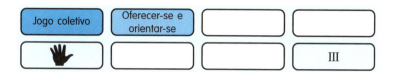

Troca de bola

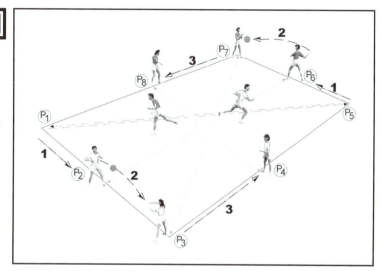

As equipes se posicionam em um retângulo. A bola é passada pelos jogadores da equipe, de um em um, por fora do retângulo. Quando um jogador recebe a bola, gira para passá-la ao colega seguinte, após o passe deve correr na diagonal contrária e ir receber de novo a bola do outro lado do quadrado. As equipes iniciam uma de cada lado do campo. A idéia é passar para a direita e correr na diagonal contrária. Somente quem inicia o jogo na lateral menor do retângulo é que cruza direto. O jogo inicia-se com a utilização de duas bolas, simultaneamente, nos dois lados do retângulo (P1, P5). Cada equipe tem uma bola. Quem consegue em um tempo preestabelecido fazer a maior quantidade de troca de lugar?

OBSERVAÇÕES/ DICAS
- O tamanho do campo deve ser adequado à quantidade de jogadores;
- No início, pode-se passar a bola lentamente;
- Elevada exigência na capacidade de orientação;
- É possível se diferenciar quando os cantos são ocupados pelos jogadores de igual rendimento.

VARIAÇÕES
- Diferentes tipos de passe: indireto, quicado, com finta por trás do corpo ou por trás da cabeça (Mão – complexidade III);
- Jogar com o pé (Pé – complexidade III).

Escola da Bola orientada para jogos situacionais

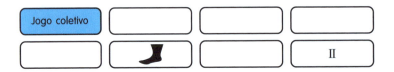

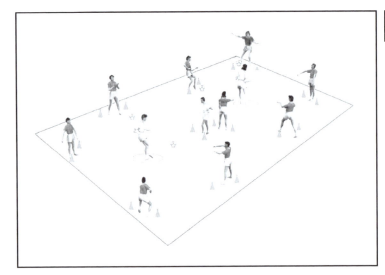

Bola dupla

Cada equipe se distribui no campo, formando um círculo. Os jogadores têm um espaço delimitado. No centro do círculo se encontra um jogador-passador com duas bolas. Ao sinal, o jogador do centro passa uma bola para o primeiro colega do círculo, e depois a outra bola para o segundo. O jogador-passador recebe de volta a primeira bola e passa esta para o terceiro do círculo; segue com a bola para o quarto do círculo, e assim por diante. A outra equipe faz o mesmo no seu setor. Após o último jogador do círculo parar duas bolas, troca de lugar com o jogador-passador, finalizando o jogo. Ganha a equipe que faz a passagem mais rápido.

- Adaptar o rádio do círculo ao nível dos jogadores;
- É melhor fazer várias equipes com poucos jogadores.

OBSERVAÇÕES/ DICAS

- Modificar o tipo de passe: peito do pé, parte interna do pé (Pé – complexidade III);
- Quem passou para o jogador do centro deve realizar tarefas adicionais no local (andar, saltitar, saltar etc.). No próximo passador muda a tarefa (Pé – complexidade III);
- Rolar – lançar e receber com um bastão ou com uma raquete (Mão, raquete – complexidade II).

VARIAÇÕES

Jogo coletivo 61

Os goleiros

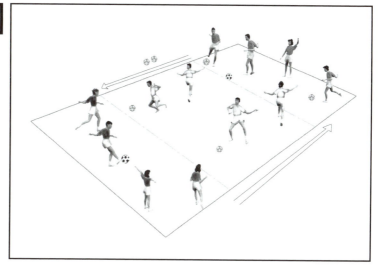

O campo de jogo será dividido em três zonas. Estas serão ocupadas, na mesma quantidade, por jogadores. Os jogadores dos setores extremos devem procurar passar a bola para o outro lado sem que os goleiros do meio consigam pegá-la. Os chutes só podem ser até a altura do joelho. Os goleiros que pegam a bola devem colocá-la ao lado da linha lateral. O jogo finaliza quando não há mais bolas para jogar. Qual equipe de goleiros pegou as bolas no menor espaço de tempo?

OBSERVAÇÕES/DICAS

- O tamanho da zona dos goleiros e a quantidade destes devem ser adequados ao nível de rendimento das crianças.

VARIAÇÕES

- As bolas que são pegas pelos goleiros devem ser colocadas no meio do campo. Se um jogador chutar e acertar em uma delas, esta estará em jogo novamente (Pé – complexidade III);
- Os goleiros só podem pegar a bola com os pés (Pé – complexidade III);
- Lançar com as duas mãos; lançamento quicado (Mão – complexidade III).

Escola da Bola orientada para jogos situacionais

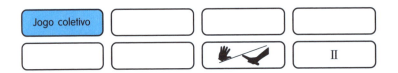

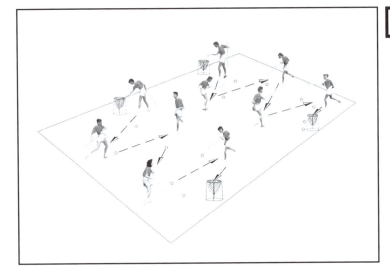

Bola viajante

Cada equipe se dispõe no campo de forma ziguezague (*slalom*). No final de cada grupo se encontra um caixote (ou uma cesta) vazio. Ao sinal, os jogadores devem passar a bola entre si, seguindo a seqüência na diagonal de forma ziguezague. O primeiro pega no caixote uma bola e passa. O último a coloca/lança em outro caixote. Qual equipe passa as bolas mais rápido ou consegue encher o caixote primeiro?

OBSERVAÇÕES/DICAS

- O ziguezague do grupo pode ser organizado de diferentes distâncias. De todas as formas, os percursos devem ser iguais para as equipes.

VARIAÇÕES

- Somente uma bola (por vez) por equipe. Quando o último jogador acertar o caixote (ou cesta), deve dar um sinal. Neste momento, trocam-se as posições no sentido horário. O final do jogo: qual equipe chega mais rápido na posição inicial (Bastão – complexidade III);
- Passar com a mão ou com o pé (Mão, pé – complexidade I).

Reconhecer espaços 63

Passar pelo meio

Duas equipes com seis jogadores cada se distribuem em dois campos que estão divididos em três zonas (duas extremas e uma no meio). Na zona do meio só pode haver dois jogadores de uma equipe; em outra metade do campo, dois jogadores da outra equipe. No lado A há quatro de uma equipe e dois da outra no meio. No lado B são ocupados os restantes dos setores. Os jogadores das zonas extremas têm a tarefa de passar a bola entre si, e os do meio tentam evitar. A cada bola roubada se consegue um ponto.

OBSERVAÇÕES/ DICAS
- Os passes não podem ser acima da linha da cabeça;
- Os passes que são recebidos fora do setor demarcado dão ponto para os defensores;
- No máximo, a bola pode permanecer 5" em cada setor;
- Após uma determinada seqüência de tempo, deve-se proceder a troca de posição. São três trocas no total, ou seja, todos vão à defesa.

VARIAÇÕES
- Diferentes tipos de passes (uma mão-duas mãos, direto-indireto etc.) com chute e recepção/parada da bola variável (Mão, pé – complexidade II).

64 Escola da Bola orientada para jogos situacionais

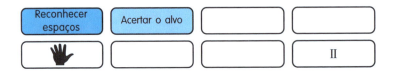

Bola no chão

Dois jogadores estão na frente de uma linha marcada a uma distância de três metros da parede, cada um no seu próprio lado. A idéia é jogar a bola contra a parede de forma que o adversário não consiga pegá-la após o rebote. Qual jogador faz ponto primeiro?

- A distância da linha da parede é o espaço de jogo que deve estar adaptado às capacidades dos jogadores;
- A bola é recolocada em jogo com lançamento de costas à parede;
- Na parede pode-se marcar uma linha com giz, sobre a qual deve ser jogada a bola.

OBSERVAÇÕES/DICAS

- Com mais de um campo de jogo pode-se fazer o jogo em equipe (Mão – complexidade II);
- A bola deve ser jogada sempre de costas ou quicada contra a parede (Mão – complexidade III).

VARIAÇÕES

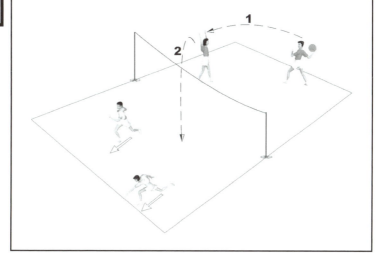

Dois contatos

29

Duas equipes de dois a três jogadores jogam em um campo dividido por uma rede (ou corda). Permite-se que cada equipe tenha dois contatos (inclusive no saque), ou seja, o jogador que recebe a bola no lado adversário (primeiro contato) e mais um colega que deverá passá-la para o outro lado. No momento da passagem da bola para o outro lado, deve-se gritar uma palavra pré-combinada. Este é um sinal para que os jogadores adversários corram até a linha de fundo do seu próprio campo e voltem para pegar a bola após trocarem de setor. O jogador adversário deve aproveitar esse momento e ver onde está o espaço livre para jogar a bola. No momento em que a bola quica o time que passou a bola ganha ponto.

OBSERVAÇÕES/ DICAS
- O lançamento inicial (saque) é feito de costas;
- É proibido correr com a bola;
- O saque deve ser feito de forma alternada pelos jogadores de cada equipe;
- O jogo precisa, no início, de um árbitro, pois a velocidade do jogo não permite observar todos os erros;
- São proibidos os lançamentos com salto por cima da rede.

VARIAÇÕES
- Jogar com tarefas adicionais: troca de posições no retorno etc. (Mão – complexidade II).

66   Escola da Bola orientada para jogos situacionais

30

Por cima e por baixo

O campo de jogo é dividido no meio por uma rede ou uma corda. Os jogadores das duas equipes podem se deslocar e se posicionar em qualquer lado e se movimentar durante o jogo. A equipe em posse da bola deve procurar passar a bola entre si, uma vez por cima e outra por baixo da rede (corda), de forma a fazer um ponto a cada passe. Não pode correr com a bola. De cada lado da rede deve ser marcada uma linha no chão, numa distância entre um e dois metros; nesse espaço não se pode encontrar nenhum jogador.

- A quantidade de passes, antes de passar a bola sobre a rede ou embaixo dela, é delimitada.

OBSERVAÇÕES/DICAS

- A quantidade de bolas por cima ou por baixo da corda pode ser regulamentada;
- Duas bolas, por cima ou por baixo, devem quicar antes de serem recebidas (Mão – complexidade III);
- Variação do tipo de passe, por exemplo, sobre a corda, com uma mão, por baixo da rede, com ambas as mãos (Mão, pé – complexidade III).

VARIAÇÕES

Reconhecer espaços

| Reconhecer espaços | Tirar vantagem tática no jogo | Oferecer-se e orientar-se | Acertar o alvo |

II

31

Gol indireto

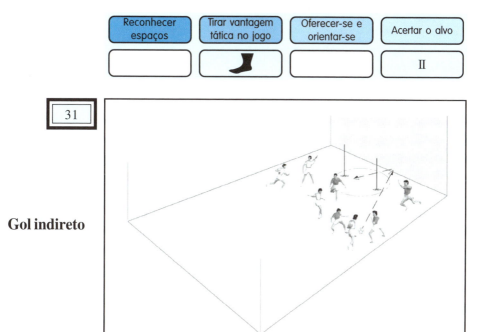

A uma distância de quatro a cinco metros da parede são colocados postes (cones) formando um gol. Este gol se encontra em uma área que não pode ser invadida pelos jogadores. O time em posse da bola deve procurar passá-la entre si, de forma a conseguir fazer um gol lançando a bola contra a parede para que, logo que for rebatida, passe pelo gol, ou seja, o gol é feito de forma indireta.

OBSERVAÇÕES/ DICAS
- O tamanho e a distância dos postes do gol na parede devem estar adequados ao nível de rendimento dos alunos;
- No campo ou no gramado podem ser colocados atrás do gol plintos para rebater a bola;
- Os dribles com a bola são proibidos; deve-se ter um número mínimo de passes antes de lançar.

VARIAÇÕES
- Pode-se modificar os setores onde é proibido entrar (Pé – complexidade III);
- A bola é passada com as mãos (Mão – complexidade II).

Escola da Bola orientada para jogos situacionais

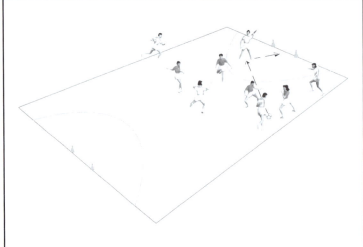

Do passe ao gol

Em um espaço do campo, a equipe em posse da bola joga em superioridade numérica contra a defesa. Enquanto a equipe atacante se movimenta em redor da área de ataques passando a bola (e sem entrar na área), o quinto jogador se oferece na área para receber. Quando a bola é passada para ele, deve chutar de primeira para o gol (marcado com cones). A equipe de defesa deve evitar o passe para o "coringa" sem entrar na área. Cada passe certo vale dois pontos, e se fizer gol de primeira (sem dominar a bola) ganha um ponto de bonificação. Na outra metade do campo as equipes invertem suas posições.

OBSERVAÇÕES/DICAS
- Em espaços de tempo previamente estabelecidos, troca-se o "coringa" na equipe;
- Passes acima da cabeça não são permitidos.

VARIAÇÕES
- Com o lançamento e a recepção na tabela de basquete, a equipe em ataque não pode entrar na área dos três pontos. O time na defesa se movimenta dentro da linha de três pontos sem sair desta. Passes acima da altura da cabeça não são permitidos (Mão – complexidade II).

Reconhecer espaços 69

Passe pelo meio

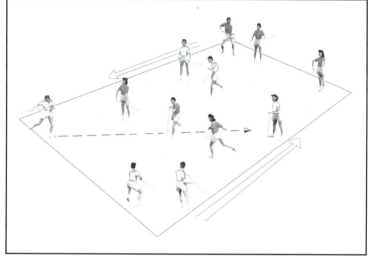

33

O campo de jogo é dividido em quatro setores. Cada equipe deve dividir-se em dois grupos. Os grupos se distribuem no campo de forma alternada (em cada setor há somente jogadores de uma equipe). A idéia do jogo é passar a bola para os colegas no outro campo, sem que os adversários interceptem o passe. A bola pode ser passada pelo jogador dentro do setor até que haja uma posição favorável para passá-la, pelo meio dos adversários, aos colegas no outro setor. Se a equipe adversária intercepta, procura-se passar a bola aos colegas pelo meio dos jogadores de outra equipe – no outro setor. A cada dez pontos, troca-se de setor. Vence o time que conseguir primeiro os pontos.

OBSERVAÇÕES/ DICAS

- O tamanho do campo deve ser adaptado ao número de jogadores e ao nível de rendimento destes.

VARIAÇÕES

- Os pontos podem ser diferenciados conforme o tipo de passe. Por exemplo: direto–um ponto ou indireto–dois pontos (Bastão/raquete – complexidade III);
- De acordo com o ritmo de jogo, a quantidade de jogadores de uma zona pode ser delimitada (Bastão/raquete – complexidade III);
- Jogar com duas ou mais bolas (Raquete/bastão – complexidade II);
- Passes com a mão ou o pé (Mão, pé – complexidade II).

70 Escola da Bola orientada para jogos situacionais

Reconhecer espaços	Oferecer-se e orientar-se	Tirar vantagem tática no jogo	Acertar o alvo
			II

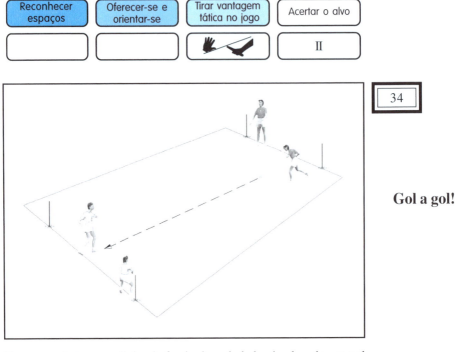

34

Gol a gol!

No campo de jogo, na linha de fundo de cada lado, é colocado um gol de tamanho grande. A três metros da linha de fundo marca-se, de cada lado, uma outra linha que serve para delimitar os espaços e o setor onde se distribuem os jogadores de cada equipe. No gol se posicionam dois a três jogadores que devem evitar que a bola lançada pelo adversário entre no gol.

- Distância e lançamento do gol devem ser adaptados ao nível de rendimento dos jogadores;
- Como alternativa, podem ser colocados objetos na linha de fundo (pontaria);
- Bolas que saem do campo são repostas no time adversário.

OBSERVAÇÕES/ DICAS

- Jogar com duas ou três bolas (Bastão/raquete – complexidade III);
- As bolas batidas pelo adversário só podem ser paradas de costas (Bastão/raquete – complexidade III);
- Jogar boliche com as mãos ou com os pés (Mão, pé – complexidade I).

VARIAÇÕES

Superar o adversário 71

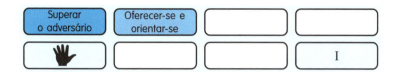

Tirar a bola do adversário

35

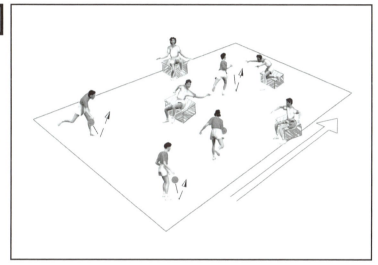

A equipe A se posiciona sob a linha de fundo de um lado da quadra. A equipe B se distribui no campo, procurando fechar os espaços de forma alternada, e cada jogador deve estar acima de um plinto ou miniplinto. Quando é dada a ordem de partida, a equipe A procura chegar ao outro lado quicando a bola. A equipe B, sem abandonar o plinto, procura tirar a bola dos adversários. Cada vez que consegue, obtém um ponto.

OBSERVAÇÕES/ DICAS

- A determinação do espaço de jogo será delimitada pela quantidade de jogadores;
- Conforme a quantidade de plintos, a forma de fazer pontos pode ser mais ou menos complicada;
- O organizador do jogo deve observar a correta aplicação das regras.

VARIAÇÕES

- Na equipe B, cada jogador tem uma bola que deve quicar permanentemente com uma mão e com a outra mão livre tentar tirar a bola do adversário (Mão – complexidade II);
- A equipe A pode também fazer pontos se, após atravessar o espaço, lançar ao gol, à cesta, numa marca na parede, num alvo predeterminado etc. Cada acerto vale um ponto (Mão, pé, raquete – complexidade II).

Duas equipes jogam entre si e estão dispostas no espaço de forma a ter,

72 Escola da Bola orientada para jogos situacionais

Superar o adversário	Oferecer-se e orientar-se	Jogo coletivo	
✋			I

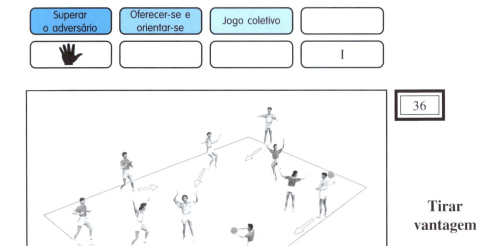

36

Tirar vantagem

cada uma delas, superioridade numérica em uma metade do campo, ou seja, o time A em uma metade e o time B na outra. A equipe em superioridade numérica está com a posse da bola. Ao sinal, a equipe procura fazer dez passes, sem que o defensor no atacante ou consiga pegar a bola no momento do passe. Quando um defensor pega a bola, o jogo é interrompido. Qual equipe consegue fazer mais pontos se cada passe vale um ponto?

- A cada passagem de bola se faz uma troca de lado;
- Dificultar a posse da bola (por exemplo, não pode correr com a bola na mão, dez segundos de posse etc.);
- Cuidar para que se jogue sem contato.

OBSERVAÇÕES/ DICAS

- Tipos de passes (Pé – complexidade II; Raquete – complexidade III).

VARIAÇÕES

Superar o adversário 73

Bola do rei

| 37 |

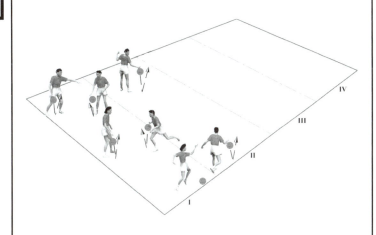

O campo de jogo é dividido em quatro setores (I, II, III e IV). Os jogadores das duas equipes têm uma bola e devem quicá-la sem parar, dentro do setor I, procurando tirar a bola do adversário com a mão livre, sem contato corporal e sem perder a própria bola. Quando alguém perde a bola, os restantes vão para o setor II. Ganha o time que puder ter um jogador no setor IV. Pode ser jogado por tempo em cada setor. Quem tira a bola do outro passa de setor.

OBSERVAÇÕES/DICAS
- Joga-se com subida e descida, ou seja, se um jogador está no setor III e perde a bola, começa de novo no setor II;
- Os setores podem ter tamanhos diferentes.

VARIAÇÕES
- Outros tipos de drible são possíveis (Pé – complexidade I; Raquete – complexidade II).

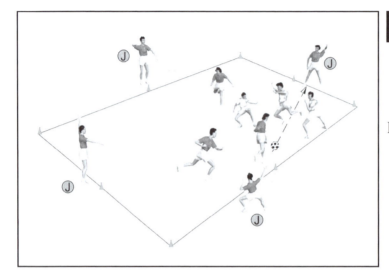

Dez passes com "coringa"

No campo do jogo marcado por cones, há duas equipes de três a cinco jogadores, com cada jogador procurando fazer a maior quantidade de passes entre si. De cada lado do campo há um "coringa". A equipe em posse da bola procura fazer dez passes, e o adversário procura tirar a bola deles. Os "coringas" podem ser adicionados pelos atacantes, a quem devem devolver o passe – a posição do coringa não conta.

OBSERVAÇÕES/DICAS
- Os "coringas" não podem ficar com a bola por muito tempo;
- Não se pode passar a bola para o mesmo "coringa", só após alternar;
- A equipe de defesa deve interceptar, antecipar etc.

VARIAÇÕES
- Não permitir "panelinha" – passe e evolução entre dois jogadores (Pé – complexidade III);
- Modificar o tipo de passe (Mão – complexidade I; Raquete – complexidade III).

Jogo Mão – Pé

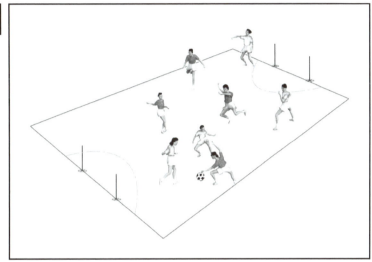

Duas equipes de quatro a seis jogadores jogam com as regras a seguir, procurando fazer o gol no adversário (a bola pode ser pega com a mão). Enquanto o jogador está com a bola na mão, o defensor não pode tirá-la dele; ao contrário, o atacante pode, com a mão livre, bater nele, o que dá ponto ao ataque. A bola deve ser jogada (passada) com o pé. O gol só vale com o pé e bola rasteira (não há goleiro). Cada gol vale dois pontos.

OBSERVAÇÕES/ DICAS
- Pode-se colocar uma área onde nenhum jogador possa entrar;
- Não se pode fazer "autopasse" com as mãos ou dar um "tapinha" para ganhar vantagem.

VARIAÇÕES
- Colocar os gols de forma a permitir fazer gol de vários lados, por frente e por trás (Mão, pé – complexidade II).
- Jogar com raquetes ou bastão de *hockey* – quando se controla a bola com o pé, pode-se encostar no adversário (defensor) para fazer ponto (Raquete/bastão – complexidade III).

Escola da Bola orientada para jogos situacionais

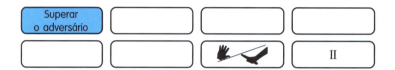

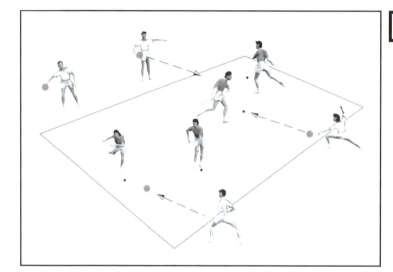

40

Bola que supera obstáculos

Em um campo de jogo os jogadores da equipe A (dentro do campo) conduzem uma bola com o bastão. Os integrantes da equipe B (de fora do campo) estão distribuídos nas linhas laterais e rolam uma bola (dentro do campo de jogo) entre si, de forma a acertar a bola ou o jogador que a conduz. Os jogadores de dentro do campo procuram parar a bola a tempo ou trocar de direção para evitar os impactos. Não se pode utilizar os pés ou as mãos para evitar o impacto. Após um determinado tempo se faz a troca de tarefas contando o número de impactos. Cada impacto é igual a um ponto.

- O número e os tipos de bola dos jogadores do lado do campo, bem como o tamanho do campo de jogo, devem ser adaptados conforme o nível de rendimento dos jogadores;
- Cada jogador tem uma bola.

OBSERVAÇÕES/ DICAS

- Os jogadores do lado interno do campo driblam da linha de fundo à linha de fundo do lado contrário. Os jogadores da equipe de atiradores estão sentados em bambolês e pneus distribuídos no campo e não podem se deslocar deles. Nesta posição precisam tirar a bola dos adversários (Bastão – complexidade I);
- Trocar o tipo de jogo (Mão, pé – complexidade I).

VARIAÇÕES

Oferecer-se e orientar-se 77

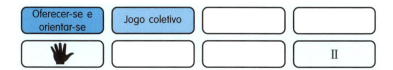

Gatos e ratos

Cada equipe tem seu próprio campo de jogo e a cada espaço de tempo envia um delegado (gato) ao campo adversário. Quando o jogo se inicia, o gato procura pegar o rato (adversário). Para os ratos se salvarem, precisam receber um passe dos colegas. Após 30" (ou após três caçadas), os gatos são trocados. Após o somatório dos pontos, observa-se quem pegou mais adversários (ratos).

OBSERVAÇÕES/ DICAS
- A quantidade de bolas deve ter relação com a quantidade de jogadores;
- Alta exigência na percepção;
- Contato visual e sinal com a mão quando for necessário receber um passe;
- Podem ser usadas, no início, bolas de espuma.

VARIAÇÕES
- Tipo de passe (Mão – complexidade II);
- Os gatos devem quicar uma bola quando se deslocam (Mão – complexidade II);
- Conduzir com o pé (Pé – complexidade III).

78 Escola da Bola orientada para jogos situacionais

Bola de contato

Duas equipes jogam entre si, em um campo comum, e procuram ficar em posse da bola, passando-a uns aos outros. Os adversários procuram interceptá-la. Para se fazer um ponto é necessário que um jogador faça um passe, o colega receba, dando um "tapinha", e um terceiro colega receba esse toque (o "tapinha" pode ser com a cabeça, o pé, a mão, o punho etc.).

OBSERVAÇÕES/DICAS
- Combinar a quantidade de passes;
- Recomendar jogo limpo sem contato pessoal, principalmente quando a bola está no ar;
- Ajudar-se com sinais e códigos.

VARIAÇÕES
- Oferece-se a cada equipe um cone; os jogadores devem passar a bola e procurar que o segundo contato encaixe o passe no cone (Mão – complexidade III);
- Jogar com os pés (Pé – complexidade III).

Oferecer-se e orientar-se 79

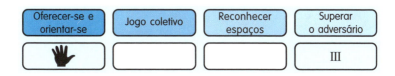

Bola espiã

43

O campo do jogo é dividido em três zonas. No setor do meio não há jogadores. Nos extremos, as equipes se distribuem uma em cada zona e enviam espiões ao campo contrário. Os espiões procuram pegar a bola dos adversários e passá-la para sua equipe do outro lado. Se conseguirem, poderão passar para o outro lado. Qual das equipes conseguirá trazer seus espiões de volta?

OBSERVAÇÕES/ DICAS

- O espaço neutro no campo de jogo deve ser adaptado ao nível de rendimento dos jogadores;
- Cada equipe tem uma bola no início;
- Jogo sem contato pessoal;
- O setor neutro não pode ser invadido;
- Para facilitar a ação dos espiões, os atacantes só podem receber com uma mão;
- No caso de perda da bola, sacar do meio ou da lateral.

VARIAÇÕES

- Nas linhas de delimitação do setor neutro podem ser colocadas cordas para que o passe seja feito por uma destas. Também pode ser colocada uma rede de vôlei. Neste caso pode-se prescindir do setor neutro (Mão – complexidade III).

80 Escola da Bola orientada para jogos situacionais

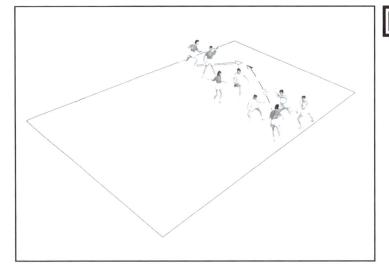

Bola assistida

No campo de jogo são delimitadas duas áreas de tamanho grande de um lado a outro da quadra. Duas equipes jogam no setor restante do campo, e procura-se tomar a bola do adversário. A equipe em posse da bola tem a tarefa de passar a bola para o colega de forma que este receba no setor do adversário (ponto futuro). Neste setor, o defensor não pode entrar. O ponto só pode ser concedido ao ataque quando o passe realmente for realizado antes da invasão do campo, e o receptor recebe correndo para entrar.

- Indicar a marcação individual e propiciar o intercâmbio de informação entre os jogadores da defesa.

OBSERVAÇÕES/ DICAS

- Pode ser jogado com as mãos ou com bastão/raquete (Mão, raquete – complexidade III).

VARIAÇÕES

Oferecer-se e orientar-se | Jogo coletivo | | III

Bola no ar

45

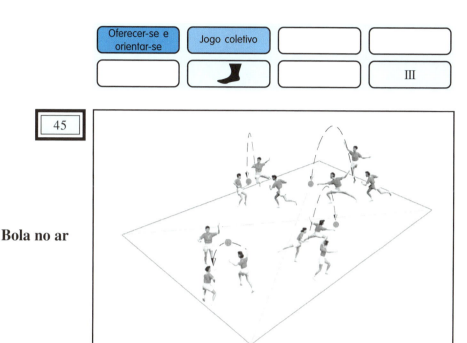

Duas ou mais equipes jogam entre si, e cada uma tem um campo próprio. Ao sinal, os jogadores devem manter a bola no ar sem receber e reter esta nas mãos, golpeando-a e evitando que ela caia no chão. Os erros ocorrem quando a bola cai ou quando é jogada fora do setor. Qual equipe conseguirá manter a bola mais tempo no ar?

OBSERVAÇÕES/ DICAS

- Conforme o número de jogadores, podem ser formadas mais equipes (até no mínimo três jogadores por grupo);
- Para desenvolver e exigir o toque da bola, pode-se jogar no início com contatos com o pé, mão, punho, cabeça etc.

VARIAÇÕES

- Um ou dois contatos da bola no chão podem ser permitidos. Também com o pé podem ser permitidos mais de um contato em seqüência pelo mesmo jogador (Pé – complexidade I);
- Cada jogador recebe um número. A bola deve ser sempre jogada na seqüência numérica (Pé – complexidade III).

Escola da Bola orientada para jogos situacionais

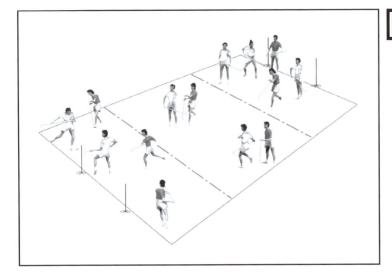

46

Jogo nos setores

O campo de jogo é dividido em três setores. As equipes têm um gol em cada setor dos extremos. No campo temos então uma equipe distribuída nos setores de defesa, passe no meio e ataque. A equipe no setor de ataque deve estar sempre em superioridade numérica e em igualdade no meio. Os jogadores não podem sair do setor no qual estão jogando. O início é feito com sorteio. Ganha a equipe que fizer mais gols.

- Os setores e os gols podem ser construídos de formas e tamanhos variados;
- Se os defensores não conseguem passar a bola para a defesa, pode ser incorporada uma regra especial: em inferioridade numérica, pode-se passar livremente sem marcação.

OBSERVAÇÕES/ DICAS

- A idéia do jogo pode ser utilizada jogando-se com o pé ou com as mãos (Mão, pé – complexidade II).

VARIAÇÕES

Escola da Bola orientada para o desenvolvimento das capacidades

Introdução

Simbologia dos desenhos e formas de apresentação

Coleção de exercícios

Exigências de pressão do tempo
Exigências de pressão da precisão
Exigências de pressão da complexidade
Exigências de pressão da organização
Exigências de pressão da variabilidade
Exigências de pressão da carga

Capítulo 3

Introdução

No capítulo 1 foi elaborada, teoricamente, a fórmula metodológica da Escola da Bola orientada para o desenvolvimento das capacidades. Esta propõe "habilidades simples com a bola + variabilidade + condições de pressão". O que se deve imaginar sobre estes três elementos que constituem a soma? *Exercitação da coordenação*

Como:
O conceito "simples" é, quase sempre, visto de forma relativa, pois "simplicidade é o resultado da maturidade individual" (Friedrich, Von Schiller, 1759-1805). De forma geral, pode-se dizer que o treinamento da coordenação de qualquer habilidade no manejo de uma bola relaciona-se às habilidades já dominadas pelo indivíduo que a executa. Isto é lógico, pois habilidades que não são dominadas de forma estável, quando repetidas várias vezes, apresentarão falhas na sua execução ou não serão logradas por causa das exigências extras ou pelos elementos de pressão. Na coleção de jogos apresentada a seguir serão relacionadas e enumeradas as habilidades apresentadas na figura 9. *Habilidades elementares...* *Cuidado!*

No entanto cuidado! Os conselhos são só apropriados quando os pré-requisitos básicos de cada habilidade são obtidos. Por outro lado, com atletas ou com *expert* isto é facilmente possível, assim como outras técnicas esportivas podem ser integradas no programa coordenativo. *+ variabilidade...*

Por variabilidade das exigências de elaboração da informação entende-se, em primeiro lugar, que se deve alterar nas atividades entre tarefas de coordenação do corpo todo, formas de exercícios com bola muito precisas (do lado aferente); logicamente dominam – conforme o caráter dos jogos esportivos coletivos – as tarefas motoras grossas. Por outro lado, o aferente à elaboração de informações via sinais visuais é de um significado muito importante (por exemplo: mão, pé, olho etc.). Não somente por meio da redução (ou desligar), devem também ser considerados outros sistemas de recepção da informação como o cinestésico e o tátil e serem exercitados paralelamente. Desta forma é também colocado o que no meio esportivo é denominado sentido da bola ou sensibilidade de movimento e o que os cientistas do esporte conceituam como cinestesia e capacidade de diferenciação.

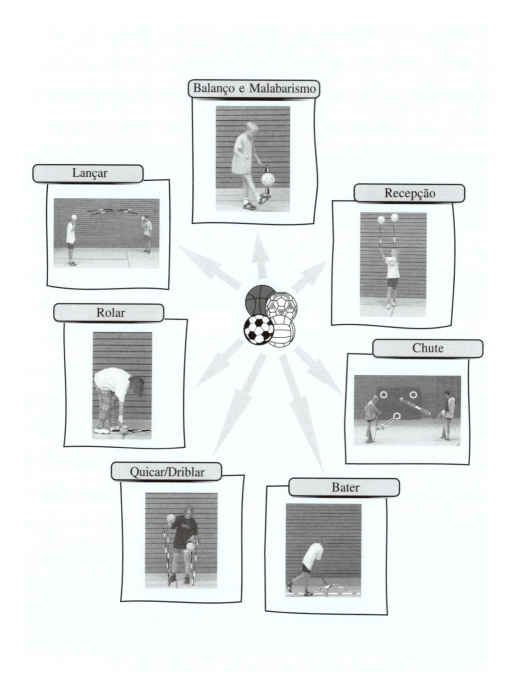

Fig. 9: Habilidades elementares com a bola.

86 Escola da Bola orientada para o desenvolvimento das capacidades

Os condicionantes típicos da pressão nos esportes coletivos e que, portanto, devem ser incorporados pelo treinamento de coordenação com bola podem ser definidos conforme a seguinte fórmula:

+ condicionantes da pressão...

Pressão do tempo	• tarefas coordenativas nas quais é importante a minimização do tempo ou a maximização da velocidade;
Pressão da precisão	• tarefas coordenativas nas quais é necessária a maior exatidão possível;
Pressão da complexidade	• tarefas coordenativas nas quais devem ser resolvidas uma série de exigências sucessivas, uma através da outra;
Pressão da organização	• tarefas coordenativas nas quais se apresenta a necessidade de superação de muitas (simultâneas) exigências;
Pressão da variabilidade	• tarefas coordenativas nas quais há necessidade de se superar exigências em condições ambientais variáveis e situações diferentes;
Pressão da carga	• tarefas coordenativas nas quais a exigência é de tipo físico-condicional ou psíquica.

Definição da pressão

Os seis condicionantes da pressão são considerados como o primeiro critério de ordem para as atividades e exercícios a serem apresentados na coleção de jogos. Uma divisão relacionada com as estabilidades das habilidades de um processo de treinamento orientado com o desenvolvimento das capacidades seria sem sentido, igualmente a uma sistemática das exigências na elaboração de informação (que, em regra geral, são altamente interativas e complexas). O valor dos dois elementos somados deve ser igualmente considerado na organização do treinamento e na escolha dos exercícios.

Três critérios de organização dos exercícios

Com exceção da categoria "complexidade da carga", a coleção de exercícios apresenta dez exemplos para cada categoria principal. Dentro destes grupos utiliza-se, como no capítulo 2, o critério de ordenamento e seriação "mão, pé, raquete/mão que segura a raquete" (segundo critério de ordenamento), bem como "nível de complexidade" (terceiro critério de ordenamento dos exercícios).

Deve-se mencionar que o conteúdo precisa ser escolhido de forma tal que quase todos os exercícios possam ser reorganizados ou transformados em tarefas individuais e em dupla. Outras formas de organização seriam tarefas em grupo (cf. figura 10) ou circuitos de coordenação com bola (cf. figura 11).

Possibilidades de aplicação

Basicamente é válido: à fantasia do professor/treinador/monitor não têm sido colocadas fronteiras; a espontaneidade das crianças e as idéias devem ser aproveitadas. Os exercícios devem ser ricos e variados; fundamentalmente devem levar alegria, produzir alegria. Isto pode ser usado como parte do programa de aquecimento, parte principal da aula, e oferecido tanto na escola como no clube.

88 Escola da Bola orientada para o desenvolvimento das capacidades

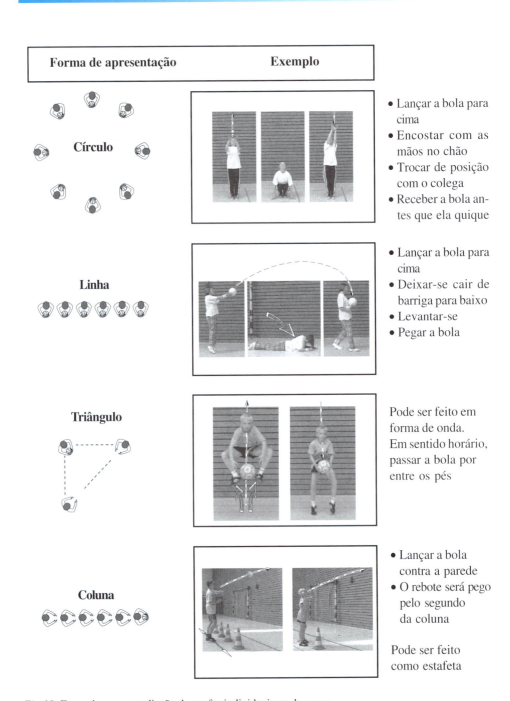

Fig. 10: Exemplos para ampliação de tarefas individuais ou de grupo.

Introdução 89

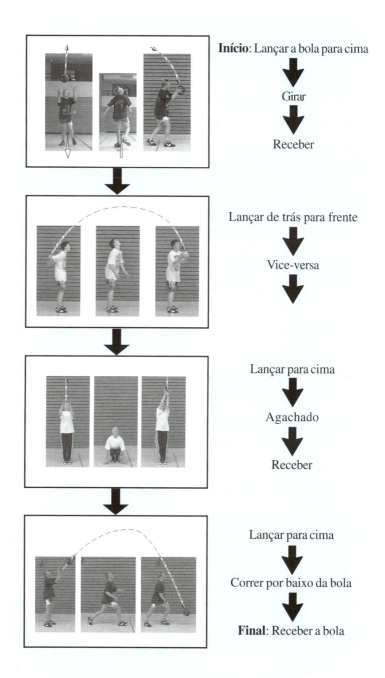

Fig. 11: Exemplo de uma seqüência de exercícios coordenativos com a bola.

Simbologia dos desenhos e formas de apresentação

Para a descrição das formas de exercícios é necessária uma série de *Índice para a* símbolos que estão resumidos na figura 7 (capítulo 2). Análogo a esta *coleção de* função, na coleção de jogos, encontra-se agora detalhado o tipo de *exercícios* condicionante da pressão que os exercícios apresentam. A intensidade das cores está refletindo o valor da referida classe de exigência. A segunda linha apresenta novamente o símbolo do segundo e terceiro critérios de ordenamento dos exercícios.

A evolução dos exercícios é ilustrada através de fotos unitárias ou em seqüência e caracterizadas por um texto extremamente sintético. No final encontram-se dicas e propostas para variações que se diferem das formas básicas fundamentalmente pelo critério "mão, pé, raquete/bastão" e pelos graus de complexidade. Isto fica claro devido às afirmações colocadas entre parênteses.

Pressão do tempo

No decorrer do texto, os exercícios serão ilustrados através de fotos ou desenhos e, quando possível, com uma explicação. No final, apresentam-se indicações e sugestões para variações em relação aos critérios "mão, pé, raquete" e "nível de dificuldade". Isto é colocado sempre entre parênteses para destacar a opção.

Quicar a bola contra a parede com uma mão e com o braço esticado, somente com a ponta dos dedos e o punho bem flexível, de forma rápida, repetindo a maior quantidade de vezes a ação.

OBSERVAÇÕES/DICAS
- Distância menor da parede facilita o jogo da bola e aumenta a freqüência;
- Desenvolve uma maior sensibilidade na ponta dos dedos;
- Atividade desenvolvida sempre com as duas mãos.

VARIAÇÕES
- Quicar com as duas mãos (Mão – complexidade I);
- Posicionado lateral à parede (Mão – complexidade I);
- "Passear" com a bola e escrever números e letras na parede (Mão – complexidade III);
- Utilizar diferentes formas de contato com a bola: punho, revés da mão, palma da mão (Mão, raquete – complexidade III);
- Realizar a ação sentado (Mão – complexidade I).

Escola da Bola orientada para o desenvolvimento das capacidades

Quicar a bola o mais rápido possível através de um percurso em *slalom*. Os obstáculos podem ser a parte superior de um plinto, bambolês no chão, cones etc.

OBSERVAÇÕES/ DICAS
- Pode ser realizado na forma de estafeta (pressão de carga – cf. p. 142-143);
- Duas colunas de obstáculos colocadas de forma semelhante possibilitam uma partida paralela;
- Diferentes tipos de bola provocam aplicação de intensidades de força diferentes;
- Fomentar o quique com as mãos (ambidestria).

VARIAÇÕES
- Fazer com um plinto e um banco sueco, uma gangorra para fomentar o sobe-e-desce (Mão – complexidade II);
- Correr quicando a bola, fazendo um movimento em oito nos pneus (Mão – complexidade II);
- Encostar a mão livre nos obstáculos (Mão – complexidade II);
- Andar em cima de um banco sueco invertido e quicar a bola do lado (Mão – complexidade III).

Pressão do tempo 93

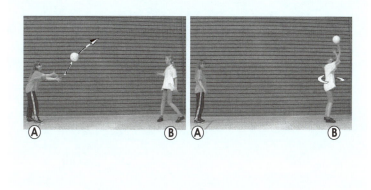

A e B estão posicionados a poucos metros de distância e passam a bola entre si. Enquanto isso, há tarefas para realizar de forma paralela. Por exemplo: girar e esperar a bola, girar e receber ou passar de costas.

OBSERVAÇÕES/ DICAS

- As tarefas podem ser aumentadas, por exemplo, através de espaços maiores para execução;
- As tarefas podem ser individualmente diferenciadas (por exemplo, tarefas para o lançamento após o passe ⇔ tarefas para o receptor após receber etc.).

VARIAÇÕES

- Antes de receber, a criança deve falar o número que o passador mostra com os dedos (Mão – complexidade II);
- Ao lançar a bola perpendicular ao chão para um, os outros correm em volta de B, recebendo a bola antes que ela quique; após isto, B inicia (Mão – complexidade II);
- Após o lançamento, fazer em giro de 360° uma vez para cada lado, com/sem saltos (Mão – complexidade II).

94 Escola da Bola orientada para o desenvolvimento das capacidades

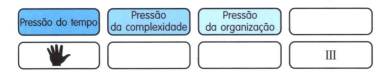

4

A e B posicionados um em frente ao outro, cada um com uma bola. B lança sua bola para A. Enquanto a bola de B está no ar, A lança a sua para cima, pega a de B, devolve-a e recebe a sua novamente.

- A mudança de tarefa após um sinal, ou de forma alternada, ou após um número de repetições previamente estabelecidas;
- B não pode lançar sua bola muito alto;
- Deve-se observar as duas bolas e o colega ao mesmo tempo. Isto exige uma visão geral periférica e não centralizada, pois o ângulo de visão é muito aberto;
- Para simplificação, podem ser utilizadas bolas de diferentes cores e pesos.

OBSERVAÇÕES/ DICAS

- Lançar a bola de diferentes formas: indireta, na forma de arco etc. (Mão – complexidade III);
- B recebe a bola que ele lançou com salto (Mão – complexidade III).

VARIAÇÕES

Pressão do tempo 95

5

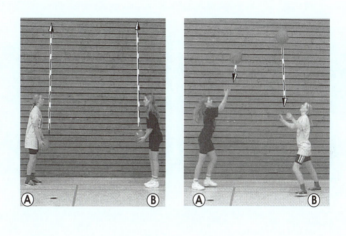

A e B têm uma bola cada um e se posicionam um em frente ao outro. Ao sinal, os dois lançam a bola para cima, trocam de lado e recebem a bola do colega.

OBSERVAÇÕES/DICAS
- Combinar o sinal (por exemplo, numa palavra de duas sílabas, lançar na segunda letra);
- Procurar lançar a uma altura que possa ser previamente estabelecido um ponto máximo.

VARIAÇÕES
- Tarefas extras durante a troca de posições, como, por exemplo, bater palmas com o colega, encostar as mãos no chão etc. (Mão – complexidade III).
- Modificação da posição de partida: sentado, de joelhos etc. (Mão – complexidade III).

96 Escola da Bola orientada para o desenvolvimento das capacidades

Pressão do tempo	Pressão da organização		
✋			III

6

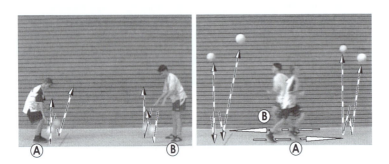

A e B estão posicionados um em frente ao outro e cada um tem duas bolas que devem quicar no mesmo ritmo. A e B trocam de posição e quicam a bola do colega.

- Aumentando a distância, modifica-se a dificuldade, para facilitar, pode-se realizar a troca após um sinal;
- O ritmo do quique pode ser dado por comando acústico;
- O controle da força do quique é necessário para poder trocar de lado;
- Bolas que tenham bom quique são importantes no início para assegurar a mecânica da ação. Depois, pode-se utilizar bolas de diferentes pesos.

OBSERVAÇÕES/ DICAS

- Quicar a bola de forma alternada (Mão – complexidade III);
- Trocar as tarefas após um determinado número de quiques (Mão – complexidade III).

VARIAÇÕES

Pressão do tempo | 97

Um grupo de jogadores, cada um com uma bola, dribla e conduz esta dentro de um espaço de campo delimitado (forma livre). Ao sinal, os jogadores devem parar a bola, pisando-a com a sola do calçado.

OBSERVAÇÕES/DICAS

- O sinal pode ser realizado com uma chamada ou sinal com a mão;
- O exercício pode ser feito de forma competitiva.

VARIAÇÕES

- Após pisar na bola, os jogadores devem fazer uma flexão de braços, levantar-se e procurar o próximo obstáculo (Pé – complexidade I);
- Variações da maneira de parar a bola: joelho, parte interna do pé etc. (Pé – complexidade I);
- Passar em círculo em cada obstáculo, antes de procurar o seguinte (Pé – complexidade I).

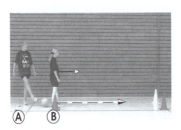 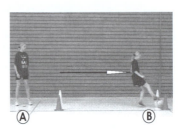

O jogador A está com uma bola atrás de B, que abre as pernas para que a bola passe entre suas pernas. Quando A chuta a bola pelo túnel que B faz, B corre atrás da bola e procura pará-la antes da marca estabelecida.

OBSERVAÇÕES/DICAS

- Jogar com distâncias diferenciadas. No espaço livre podem ser previamente delimitadas em relação aos espaços disponíveis;
- Em um exercício em duplas, A corre atrás da bola que chutou e logo troca de função com B (ou o exercício é feito em trios).

VARIAÇÕES

- Após parar a bola com diferentes técnicas, o jogador deve voltar até a posição inicial, conduzindo a bola com outras maneiras de drible (Pé – complexidade I);
- Variações de "parar a bola": joelho, parte interna do pé, ultrapassar a bola etc. (Pé – complexidade I);
- B se desloca utilizando diferentes formas de corrida com a bola, de costas, lateral etc. (Pé – complexidade I).

Pressão do tempo 99

Em um campo de jogo são colocados vários gols. Dois jogadores passam a bola entre si, deslocando-se lateralmente. Eles têm a tarefa de, em um período de tempo preestabelecido, fazer a maior quantidade de gols possível. Após cada ponto devem mudar de gol.

OBSERVAÇÕES/ DICAS
- O tamanho do campo de jogo, a quantidade de gols e o número de jogadores devem ser adaptados ao nível de rendimento;
- O jogo em conjunto entre dois pode ser dificultado, pois a intenção do colega não é conhecida de forma clara.

VARIAÇÕES
- Variações do tipo de passe: parte interna, externa, peito do pé, etc. (Pé – complexidade II);
- Antes do passe, a bola deve ser recepcionada com as mãos, passada ao colega, que a devolve com a cabeça (Mão, pé, cabeça – complexidade III).

100   Escola da Bola orientada para o desenvolvimento das capacidades

II

10

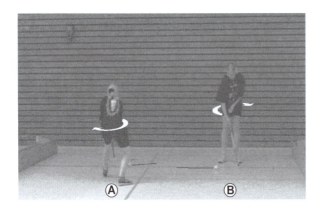

A e B estão posicionados em diagonal, um de frente para o outro. Cada um tem uma bola. Ao sinal preestabelecido, ambos passam a bola contra o banco sueco que está deitado ao lado deles, giram e procuram pegar a bola que o colega passou.

OBSERVAÇÕES/DICAS

- A posição de partida dos jogadores, bem como a distância entre eles e dos bancos, podem dificultar ou facilitar a tarefa.

VARIAÇÕES

- Mais de um passe indireto, um atrás do outro, sempre com giro (Bastão – complexidade III);
- Alternando com o bastão em *drive* ou devolver, parando e passando a bola (Raquete/bastão – complexidade III).

11

Em dupla, cada um com uma bola, lançá-las para cima e recebê-las com os antebraços fechados e juntos – como se fosse a recepção de vôlei. Balançar a bola nos antebraços até que ela fique parada.

OBSERVAÇÕES/ DICAS

- Não escolher bolas muito leves ou muito pesadas;
- Não modificar o ângulo do braço e do tronco.

VARIAÇÕES

- Determinar a quantidade de balanços que se fará no braço (Mão – complexidade I);
- Lançar a bola para frente, correr atrás dela e balançá-la (Mão – complexidade II);
- Após lançar a bola para frente, realizar diferentes tarefas adicionais, como, por exemplo, encostar a mão no chão, girar, bater palmas etc. (Mão – complexidade III).

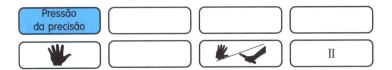

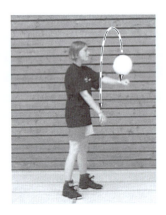

Lançar uma bola para cima e balançá-la, trocando-a entre os antebraços e mantendo-a no ar.

- Contrair a musculatura, por exemplo, fechando os punhos;
- O exercício pode ser realizado na forma de competição (quantidades de rebotes ou por tempo);
- Utilizar bolas leves (voleibol com menos ar ou bolas de borracha, espuma).

OBSERVAÇÕES/ DICAS

- Após lançar a bola para cima, realizar diferentes tarefas extras, como, por exemplo, encostar a mão no chão, girar, bater os pés etc. (Mão, raquete – complexidade III);
- Exigir diferentes pontos de contato com a bola: parte interna e externa do braço, palma da mão, punho (Mão, raquete – complexidade III);
- Exigir diferentes alturas do balançar a bola (Mão, raquete – complexidade III);
- Se for o caso, rebater as bolas contra uma parede (Mão, raquete – complexidade III).

VARIAÇÕES

Pressão da precisão 103

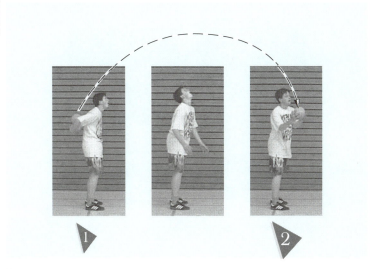

 Como mostra a foto, a bola nas costas deve ser lançada por cima da cabeça, para frente, com as duas mãos;

 Receber a bola na frente do corpo.

OBSERVAÇÕES/ DICAS
- Trabalhar ativamente com o punho no lançamento da bola;
- Não utilizar bolas muito pesadas.

VARIAÇÕES

- Seguir a seqüência contrária, lançando a bola de frente para trás (Mão – complexidade II);
- Lançar com uma mão por cima dos ombros (Mão – complexidade III).

- Recepção da bola cruzando os braços (Mão – complexidade III);
- Antes de receber a bola, realizar tarefas extras: bater palmas na frente do corpo/atrás do corpo, encostar a mão no chão, girar etc. (Mão – complexidade III).

104 Escola da Bola orientada para o desenvolvimento das capacidades

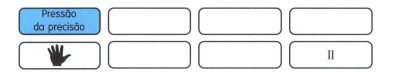

De pé em cima de um banco sueco, lançar uma bola contra a parede;

De pé em cima de um banco sueco, recebê-la.

- Observar a posição no banco em relação à parede;
- As tarefas colocadas exigem uma grande medida da capacidade de precisão e de aplicação de força e também de equilíbrio;
- É aconselhável iniciar com bolas leves e pequenas a uma distância curta da parede.

- Colocar o banco sueco de forma perpendicular, paralela ou como uma gangorra (Mão – complexidade II);
- Colocar mais de um banco sueco na forma de *slalom* (ziguezague) ou parte dele invertida (Mão – complexidade III).

- Lançamento com uma mão ou alternando as mãos – esquerda/direita (Mão – complexidade III).

Pressão da precisão 105

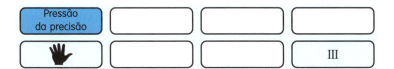

15

Girar a bola equilibrando-a na ponta do dedo.

OBSERVAÇÕES/DICAS
- A atividade é apropriada para ser feita na forma de competição (quantidade de contatos, duração da bola no dedo).

VARIAÇÕES
- Aumentar o impulso para o giro com a outra mão (Mão – complexidade III);
- Trocar de dedo em dedo a bola que está sendo balançada (Mão – complexidade III);
- Incluir diferentes partes do corpo ao balançar a bola, por exemplo, palma da mão, antebraço, punho etc. (Mão – complexidade III)

106 Escola da Bola orientada para o desenvolvimento das capacidades

> Lançar simultaneamente duas bolas para cima, uma com cada mão.
> Receber as duas bolas nas palmas das mãos.

- Modificar a altura do lançamento flexionando mais ou menos as pernas, apoiando o lançamento ou a recepção.

- Lançar a bola para cima de forma que ambas se choquem (Mão – complexidade II);
- Lançar as bolas para cima fazendo com que elas se cruzem no ar (Mão – complexidade III);
- Lançar as bolas em tempos alternados, uma mão de cada vez (Mão – complexidade III);
- Lançar duas bolas pequenas com uma mão (Mão – complexidade III).
- Receber as bolas cruzando os braços (Mão – complexidade III).

OBSERVAÇÕES/DICAS

VARIAÇÕES

Pressão da precisão

17

Dois jogadores, um na frente do outro, passam a bola entre si com a parte interna do pé por entre dois cones (na forma de um gol). O passe deve ser recepcionado antes de se devolver a bola.

OBSERVAÇÕES/ DICAS
- Adaptar ao nível de rendimento dos jogadores a distância entre eles e o tamanho do gol.

VARIAÇÕES
- Utilizar diferentes formas de recepcionar a bola: sola, parte interna do pé, parte externa do pé, joelho etc. (Pé – complexidade II);
- Diferentes tipos de passe: parte externa do pé, giro em 180°, passe de calcanhar, peito do pé (Pé – complexidade II).

108 Escola da Bola orientada para o desenvolvimento das capacidades

18

 Lançar a bola para cima com a mão.

 Fazer embaixadinhas com o pé mantendo a bola a maior quantidade de tempo possível no ar.

- Não se esquecer de trabalhar a lateralidade, ou seja, ambas as pernas;
- O exercício é apropriado para ser feito em forma de competição.

OBSERVAÇÕES/ DICAS

- Deixar a bola quicar uma vez antes de começar as embaixadinhas (Pé – complexidade II);
- Lançar a bola para trás, giro em 180° e orientar-se para pegar a bola (Pé – complexidade III).

VARIAÇÕES

- Utilizar diferentes partes do pé para a recepção da bola: parte interna do pé, parte externa do pé e calcanhar (Pé – complexidade II);
- Utilizar a musculatura do quadríceps para fazer as embaixadinhas (Pé – complexidade III);
- Alternar as embaixadinhas, deixando quicar a bola no chão (Pé – complexidade III).

Pressão da precisão 109

19

 Lançar uma bola para cima com uma mão;

 Fazer embaixadinhas com a bola utilizando a cabeça, mantendo-a no ar.

OBSERVAÇÕES/DICAS
- Utilizar no início bolas macias, por exemplo, balões;
- Prestar atenção na distância entre os alunos (para não trombarem).

VARIAÇÕES

- Lançar a bola desde a posição "sentado" e rapidamente ficar em pé (Cabeça – complexidade III);
- Lançar a bola longe, para frente ou para trás, orientar-se rapidamente em relação a ela (Cabeça – complexidade III).

- Antes de recepcionar a bola na cabeça, encostar as mãos no chão, de forma a exigir a total extensão do corpo (Cabeça – complexidade III);
- Cabecear a bola contra uma parede ou passá-la para um colega (Cabeça – complexidade III).

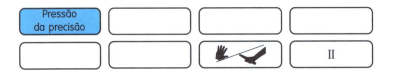

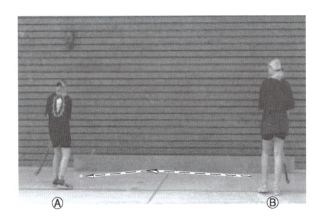

A e B, com uma raquete ou bastão, têm uma bola cada um e estão posicionados um ao lado do outro, de frente para um banco sueco deitado. Passam a bola entre si, rebatendo-a no banco, de forma que o colega a recepcione sem ter que modificar a sua posição inicial.

OBSERVAÇÕES/DICAS

- Primeiramente, realizar seqüências de movimentos mais lentos para depois deixar a bola rolar com mais fluidez.

VARIAÇÕES

- Duas bolas (Bastão/raquete – complexidade III);
- Antes de recepcionar a bola, os alunos devem realizar tarefas adicionais: giros de 180º, entre outros (Bastão/raquete – complexidade III);
- Passes e variações de recepção simultaneamente: tipo *top-spin* ou revés (Bastão/raquete – complexidade III);
- Realizar o passe com o pé (Pé – complexidade II).

Pressão da complexidade

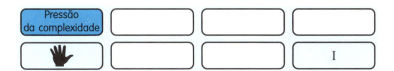

21

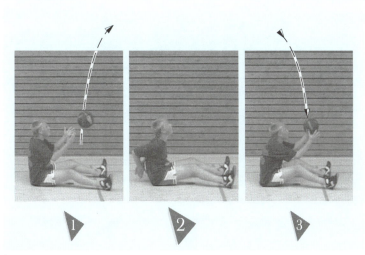

① Na posição "sentado", lançar uma bola para cima.

② Bater palmas nas costas.

③ Receber a bola sentado.

OBSERVAÇÕES/ DICAS

VARIAÇÕES

- Não lançar a bola muito alto.

- Realizar os exercícios partindo de diferentes posições, modificando a posição inicial, por exemplo: de joelhos, sentado sobre os calcanhares etc. (Mão – complexidade I).

- Bater palmas acima da cabeça (Mão – complexidade I);
- Bater com as palmas das mãos no chão (Mão – complexidade I);
- Deitar e voltar à posição "sentado" para receber a bola (Mão – complexidade I).

- Lançar a bola com uma mão por cima da cabeça, levantar as pernas e pegar a bola por baixo destas (Mão – complexidade II).

Escola da Bola orientada para o desenvolvimento das capacidades

Pressão da complexidade	Pressão da organização		
✋			II

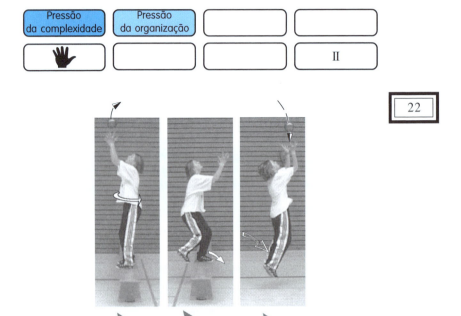

22

 De pé, em cima de um banco sueco, lançar uma bola para cima e para trás.

 Girar a 180° no banco sueco.

Saltar do banco sueco para pegar a bola antes que ela faça contato com o chão.

- Se houver mais de um aluno acima do banco sueco, procurar fazer com que todos trabalhem sob o mesmo comando.
- Lançar a bola sentado acima do banco sueco (Mão – complexidade III).
- Lançar para cima e para frente fazendo um giro de 360° antes do salto para pegar a bola (Mão – complexidade II);
- Lançar a bola da posição ajoelhada acima do banco sueco – as mãos fazem contato com o banco (Mão – complexidade II).
- Durante a realização do salto para recepcionar a bola, bater palmas (Mão – complexidade III);
- Utilizar bolas pequenas; pode-se tentar fazer a recepção com uma mão (Mão – complexidade III).

OBSERVAÇÕES/ DICAS
VARIAÇÕES

Pressão da complexidade · 113

23

① Com uma bola entre as mãos acima da altura da cabeça, lançá-la com força ao chão.

② Realizar diferentes tarefas e orientar-se posteriormente com a bola (por exemplo, giro de 360°).

③ Receber a bola em pé.

OBSERVAÇÕES/ DICAS

- Utilizar diferentes linhas de marcação da quadra para delimitar o lançamento com as duas mãos;
- A tarefa pode ser bem relacionada como forma de comprovar o quique de uma bola;
- Mesmo com as tarefas extras, procurar manter a bola sempre em contato visual com o executante;
- Não utilizar bolas muito pesadas, pois estas levam a uma hiperextensão da coluna.

VARIAÇÕES

- Lançar a bola com salto ou com uma mão (Mão – complexidade III).

- Conforme o tipo de bola, deixar esta quicar mais de uma vez (Mão – complexidade II);
- Antes de receber a bola, dar uma volta em cima dela (Mão – complexidade III).

- Lançar a bola na posição sentado, em quadrupedia, ajoelhado etc. (Mão – complexidade III).

114 Escola da Bola orientada para o desenvolvimento das capacidades

Pressão da complexidade	Pressão da precisão		
✋			III

24

① Lançar uma bola por entre o meio das pernas para cima e para frente, fazendo com que esta pule um fosso, como, por exemplo, um bambolê colocado no chão.

② Giros de 180°, pular acima do setor delimitado.

③ Recepcionar a bola.

OBSERVAÇÕES/DICAS

- Observar a distância entre os diferentes participantes. Conforme a quantidade de alunos nos grupos, pode-se utilizar linhas ou círculos para marcar o fosso (bambolê);
- Pode-se substituir os bambolês que delimitam o fosso por linhas da própria quadra.

VARIAÇÕES

- ① Lançar a bola por cima de si próprio sempre tendo contato visual com ela (Mão – complexidade III).
- ② Após o giro de 180°, realizar várias tarefas extras (Mão – complexidade III).
- ③ Receber a bola com um salto (Mão – complexidade III).

Pressão da complexidade | 115

25

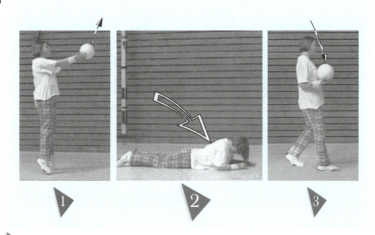

1. Lançar uma bola no ar.
2. Deixar a bola quicar no chão e realizar uma tarefa extra (por exemplo, deixar-se cair sobre a barriga).
3. Retomar a posição "em pé" e pegar a bola.

OBSERVAÇÕES/ DICAS
- Adequado para fazer uma prova de quique de bola (cf. p. 146);
- Orientação (visão periférica) conforme o nível de rendimento e a quantidade de alunos do grupo, respeitando-se a relação com o espaço físico disponível.

VARIAÇÕES

1.
- Lançar a bola de costas, girar e orientar-se para recepcioná-la (Mão – complexidade III);
- Da posição sentado, da posição ajoelhado ou com salto, lançar a bola (Mão – complexidade III).

2.
- Como forma de facilitar e conforme o tipo da bola, deixá-la quicar várias vezes (Mão – complexidade III).

3.
- Receber a bola na posição sentado, ajoelhado, com salto etc. (Mão – complexidade III).

116 Escola da Bola orientada para o desenvolvimento das capacidades

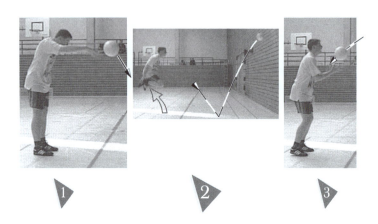

26

1. Lançar uma bola por cima da cabeça, fazendo-a quicar antes de bater numa parede.
2. Orientar-se em relação à bola e realizar tarefas extras, como, por exemplo, levar os calcanhares (pulando) aos glúteos.
3. Controlar a bola sem estar em movimento, de pé.

- Pode ser utilizado para provar o quique da bola (cf. p. 146);
- Dar sempre ênfase à velocidade do movimento;
- Manter a bola sempre em contato visual.

OBSERVAÇÕES/ DICAS

VARIAÇÕES

- Conforme o tipo da bola, pode ser lançada com uma mão (Mão – complexidade III).

- Lançar a bola (quicada no chão), fazendo com que bata na parede mais de uma vez (Mão – complexidade III);
- Lançar a bola, bater palmas, bater com os pés etc. (Mão – complexidade III);
- Realizar giros de 180° ou 360° (Mão – complexidade III).

- Recepcionar a bola com os antebraços – semelhante à posição do voleibol (Mão – complexidade III).

Pressão da complexidade 117

27

 Com as duas mãos por cima da cabeça, lançar uma bola contra a parede.

 Orientar-se de frente para a bola e fazer um contato com alguma parte do corpo, rebatendo a bola com a parede (por exemplo, com o pé).

 Recepcionar a bola com as duas mãos de forma segura.

OBSERVAÇÕES/DICAS
- Pode ser aplicado para comprovar o quique da bola (cf. p. 146);
- Pode ser utilizado na forma de trabalho em estações (circuito);
- Observar a distância da criança em relação à parede.

VARIAÇÕES

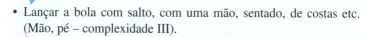
- Lançar a bola com salto, com uma mão, sentado, de costas etc. (Mão, pé – complexidade III).

- Coordenação bola-olho-mão: antebraço, punho, mão, cabeça (Mão, cabeça, raquete/bastão – complexidade III).

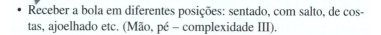
- Receber a bola em diferentes posições: sentado, com salto, de costas, ajoelhado etc. (Mão, pé – complexidade III).

118 Escola da Bola orientada para o desenvolvimento das capacidades

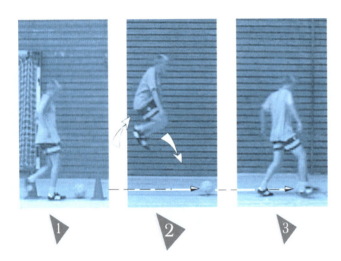

 Conduzir a bola com os pés por entre obstáculos (cones).

 Ao ultrapassar o último, passar a bola para frente e realizar tarefas extras, como, por exemplo, saltar com os dois pés por cima da bola que rola.

 Parar a bola antes de chegar a uma determinada marca.

- Resgatar sempre um espaço suficientemente amplo para que as crianças possam realizar a tarefa.

- Lançar a bola para frente com a cabeça, recebê-la e depois conduzir por entre os cones (Pé, cabeça – complexidade III).

- Lançar a bola para frente e pará-la suavemente com a cabeça (Mão, cabeça – complexidade III).

- Parar a bola com diferentes partes do corpo: sola do pé, joelho, nádegas etc. (Pé – complexidade III).

Pressão da complexidade | **119**

29

A e B, cada um com uma bola, estão colocados ligeiramente na diagonal, um em frente ao outro, passando a bola entre si e realizando diferentes tarefas extras, como, por exemplo, giros de 360° com saltos.

OBSERVAÇÕES/ DICAS
- No início, não colocar as duplas a uma distância muito próxima para que a atividade não tenha a pressão de tempo simultaneamente;
- As tarefas devem ser realizadas mais relacionadas, unidas ao local onde cada jogador está em pé, ou seja, sem movimento de deslocamento;
- No início, movimentos mais lentos; depois, deixar a bola rolar com mais velocidade.

VARIAÇÕES
- Variar as tarefas adicionais, como, por exemplo, bater palmas na frente do corpo, atrás da cabeça, encostar a mão no chão (Pé – complexidade III);
- Parar a bola com diferentes partes do corpo: sola do pé, parte interna/externa do pé (Pé – complexidade III).

Escola da Bola orientada para o desenvolvimento das capacidades

 Batendo com o bastão, passar a bola na direção de um determinado objetivo.

 Correr atrás da bola, ultrapassá-la e fazer um túnel por cima dela.

Novamente em pé, correr e parar a bola antes do objetivo final.

- Colocar os jogadores em linha;
- Utilizar as marcações da quadra como possíveis locais de percurso da bola ou objetivo até onde ela deverá rolar.

OBSERVAÇÕES/ DICAS

- Trocar a forma de bater na bola – frente ou revés (Raquete – complexidade III);
- Jogar com o pé (Pé – complexidade II).
- Correr de costas (Raquete – complexidade III);
- Giro de 180º, pular por cima da bola, realizar flexão de braço para frente (Raquete – complexidade III).
- Diferentes formas de recepcionar a bola: com a parte interna/externa da raquete (Raquete – complexidade III).

VARIAÇÕES

Pressão da organização 121

31

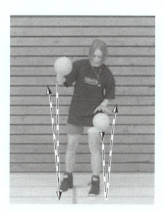

Usando duas bolas, quicá-las de forma alternada sem sair do lugar.

OBSERVAÇÕES/DICAS

- É uma boa alternativa trabalhar com bolas do mesmo tipo (tamanho, tipo de bola, pressão). Bolas de diferentes tamanhos nessa faixa etária deixam as crianças inseguras;
- Utilizar as linhas de marcação da quadra, como se fossem ruas de trânsito.

VARIAÇÕES

- Quicar as bolas simultaneamente ou em forma alternada (Mão – complexidade II);
- Diferentes ritmos para quicar a bola (Mão – complexidade III);
- Diferentes freqüências de quique da bola com as mãos direita e esquerda (Mão – complexidade III);
- Quicar sem ver: quicar a bola com os olhos fechados (Mão – complexidade III);
- Quicar sentando-se e ficando em pé (Mão – complexidade III);
- Quicar as bolas fazendo-as girar em volta do corpo (Mão – complexidade III);
- Quicar realizando giros, deslocamentos para frente, para trás e laterais (Mão – complexidade III).

Escola da Bola orientada para o desenvolvimento das capacidades

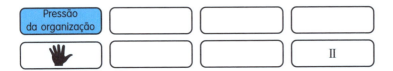

32

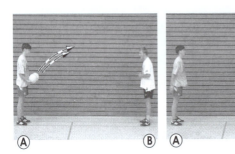

A e B se colocam um frente ao outro. A tem duas bolas, uma em cada mão, e as lança pela frente do corpo, flexionando o antebraço para a frente do corpo. B irá recebê-las e devolvê-las com o mesmo movimento para A.

OBSERVAÇÕES/ DICAS

- No início, manter distância pequena entre os dois para facilitar a recepção;
- Lançar as bolas primeiramente uma após a outra e depois simultaneamente;
- Dirigir a atenção à seqüência do movimento (lançar simultaneamente uma após a outra), conforme o comando verbal.

VARIAÇÕES

- As duas bolas são passadas de forma indireta (Mão – complexidade II);
- As duas bolas são lançadas para cima bem alto (Mão – complexidade II);
- A e B ficam posicionados um em frente ao outro, muito perto. A deixa as bolas cairem da posição em pé sem lançá-las, e B deve recepcioná-las com/sem realizar tarefas adicionais, como, por exemplo, bater palmas, giro de 360°, deixando ou não a bola quicar no chão (Mão – complexidade II);
- Uma bola é passada de forma direta, a outra de forma indireta – quicada (Mão – complexidade III).

Pressão da organização 123

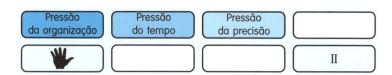

33

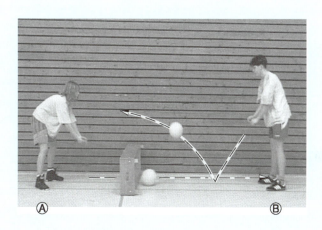

A e B se colocam um de frente para o outro, cada um com uma bola. A passa para B uma bola rolada com a mão por entre o meio da tampa do plinto. B passa a bola, fazendo-a quicar do seu próprio lado de forma que chegue por cima do plinto para o A.

OBSERVAÇÕES/ DICAS
- A parte do plinto pode ser substituída por um bambolê, cone ou outro elemento que permita fazer um túnel;
- Conforme a distância escolhida, as condições de pressão vão se modificando;
- Determinar previamente o tipo de sinal para iniciar o exercício;
- É extremamente importante observar que se trabalhe a lateralidade, tanto no passe com as mãos quanto no pé.

VARIAÇÕES
- Fazer o passe com uma mão (Mão – complexidade II);
- A e B trocam de posição após o passe, param a bola e voltam à posição inicial (Mão – complexidade III);
- Em vez de passar a bola rolada com a mão por entre o plinto, ela é passada com o pé (Pé – complexidade II).

124   Escola da Bola orientada para o desenvolvimento das capacidades

Pressão da organização	Pressão da precisão		
✋			III

34

O aluno, em pé, quica uma bola com uma mão, lança e recebe permanentemente uma outra bola com a outra mão.

OBSERVAÇÕES/ DICAS

- As tarefas podem ser modificadas sem parar a execução através de sinais acústicos ou visuais (por exemplo, troca de mão);
- Realizar o exercício primeiro sem delimitar espaços e, em seguida, limitando-os.
- Pode-se utilizar balões no início da atividade.

VARIAÇÕES

- Em vez de quicar a bola, batê-la contra a parede (Mão – complexidade III);
- Em vez de quicar a bola, conduzi-la com o pé (Pé – complexidade III);
- Duas bolas são lançadas com uma mão para cima e uma terceira é conduzida com o pé (Mão, pé – complexidade III);
- Quicar duas bolas simultaneamente e uma terceira passando e recebendo com um pé, lançando para um colega (Pé, mão – complexidade III).

Pressão da organização 125

35

A e B se colocam um, de frente para o outro, cada um com uma bola. A passa para B uma bola alta, enquanto B quica uma bola de forma permanente. B recebe a bola de A e a devolve para este, sem deixar de quicar a sua.

OBSERVAÇÕES/ DICAS

- Primeiramente, recomendar uma condução de movimento de forma lenta, ou seja, A espera que B tenha o controle da bola que está quicando;
- A observação é prioritariamente dirigida à bola que o colega lança. A bola que está sendo quicada deve ser controlada sem contato visual;
- Trocar de posição ao sinal ou após uma quantidade de repetições previamente estabelecidas.

VARIAÇÕES

- Após o lançamento da bola por parte de A, B deve trocar de mão para quicar sua bola (Mão – complexidade III);
- Antes de recepcionar a bola, fazer com que B fale em voz alta a quantidade de dedos que A sinaliza para ele após passar-lhe a bola (Mão – complexidade III).

126 Escola da Bola orientada para o desenvolvimento das capacidades

36

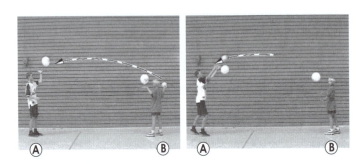

A e B se colocam um de frente para o outro, cada um com um balão na mão, que deve ser mantido no ar. Paralelamente, A e B passam uma bola entre eles.

OBSERVAÇÕES/DICAS

- Primeiramente, a distância entre os colegas deve ser pequena, aumentando gradativamente, à medida que se domina a ação;
- Manter o balão no ar é mais fácil quando se faz o gesto ao lado do corpo, pois o campo visual não aumenta de forma significativa;
- O tipo de passe que é realizado entre os colegas deve ser variado à medida que cada um deles já tiver feito várias repetições.

VARIAÇÕES

- Variações do passe e do lançamento devem ser incorporadas gradativamente, com uma mão, com as duas, passe direto, quicado etc. (Mão – complexidade III);
- Considerar as variações de recepção do passe: sobre a cabeça, na altura do peito, com uma mão etc. (Mão – complexidade III).

Pressão da organização **127**

37

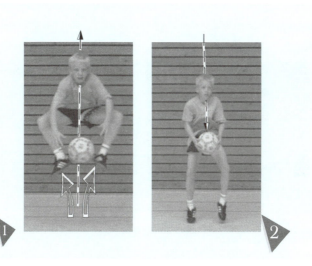

 Segurando uma bola na parte interna de cada pé, pular com ela e lançá-la impulsionando-a com os dois pés para cima.

 Recepcionar a bola na queda de forma controlada.

OBSERVAÇÕES/ DICAS

- Segurar a bola entre os pés com a parte interna destes facilita o lançamento da bola para cima e para frente;
- Não utilizar bolas muito pequenas ou muito pesadas.

VARIAÇÕES

- Lançar a bola de costas, girar e reorientar-se (Mão – complexidade III);
- Sentando com as pernas esticadas, lançar a bola para cima, ficar em pé e recepcioná-la (Mão – complexidade III).

- Lançar a bola com uma mão (Mão – complexidade III);
- Recepcionar a bola com salto (Mão – complexidade III);
- A bola será lançada sempre com uma parte diferente do corpo (mão, pé, cabeça etc.). Realizar um toque de bola (como no voleibol) e depois recepcioná-la (Mão, pé, cabeça – complexidade III).

Escola da Bola orientada para o desenvolvimento das capacidades

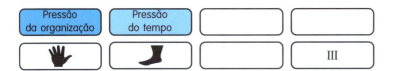

38

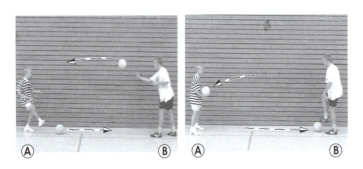

A e B têm cada um uma bola e estão posicionados um de frente para o outro. A passa a bola com o pé para B e B, simultaneamente, passa a bola para A com a mão. A bola que é passada com o pé deverá ser sempre recepcionada e depois passada, enquanto a orientação deve estar sempre dirigida à bola passada com a mão.

- Trabalhar também com o pé fraco (menos hábil);
- Ter outro ponto de contato visual simultaneamente (por exemplo, as duas bolas e o colega).

OBSERVAÇÕES/ DICAS

- Antes de receber a bola do colega, falar em voz alta quantos dedos da mão ele está mostrando (Mão, pé – complexidade III);
- B lança a bola para cima perpendicular ao chão, A passa sua bola com o pé para B, que deve recepcioná-la e passá-la de volta com o pé para que na seqüência pegue a própria bola lançada para cima (Pé, mão – complexidade III);
- Observar variações de passe e de recepção (Mão, pé – complexidade III);
- Antes de recepcionar a própria bola, realizar um giro de 360° alternando os lados direito e esquerdo (Mão, pé – complexidade III).

VARIAÇÕES

Pressão da organização

39

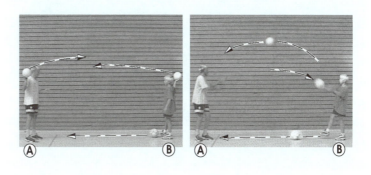

A e B se colocam um de frente para o outro, cada um com uma bola que deve ser passada com a mão (entre eles) conforme tarefa encomendada. Simultaneamente, uma terceira bola é passada entre eles (ida e volta com o pé).

OBSERVAÇÕES/DICAS

- Incorporar as linhas da quadra como elemento de relação e delimitação dos espaços de A e B;
- Como forma de facilitação, pode-se utilizar um sinal sonoro antes de realizar o passe com o pé e reduzir o tempo de recepção;
- A tarefa pode ser bem representada, por exemplo, como forma de testar o quique da bola (cf. p. 146).

VARIAÇÕES

- Procurar variações de passe: com uma mão, duas mãos, direto/indireto, altura do peito ou da cabeça etc. (Mão, pé – complexidade III);
- Considerar sempre as variações de recepção: receber acima da cabeça, com uma mão etc. (Mão, pé – complexidade III);
- Variações de parada e recepção da bola: com a sola do pé, peito do pé, parte interna etc. (Mão, pé – complexidade III).

130 Escola da Bola orientada para o desenvolvimento das capacidades

40

A e B se colocam um de frente para o outro. A tem duas bolas e B uma, as quais devem ser passadas em forma de círculo no sentido anti-horário.

OBSERVAÇÕES/DICAS

- Variar as distâncias no sentido semelhante a uma sanfona, ou seja, aproximar-se e afastar-se simultaneamente ao passe;
- Para facilitar o passe, pode ser reduzido o tempo de ação através de apoio rítmico;
- No início, pode-se passar a bola sem cruzá-la.

VARIAÇÕES

- Conforme o sinal, modificar a direção do passe (Raquete/bastão – complexidade III);
- A cada cinco, sete ou outra quantidade de bolas (contar em voz alta), deve-se realizar um passe e recepção de uma das bolas entre os colegas (Raquete/bastão – complexidade III);
- Colocar quatro bolas fazendo o círculo (Raquete – complexidade III).

Pressão da variabilidade | 131

41

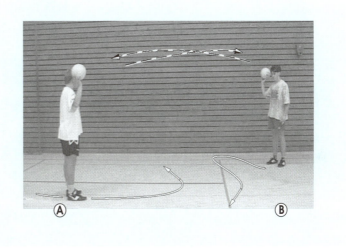

A e B, cada um com uma bola, deslocam-se livremente, mantendo a mesma distância entre si numa quadra (e passam as bolas).

OBSERVAÇÕES/ DICAS

- Podem ser colocados na quadra diferentes objetos ou barreiras (plinto, cone, pneus), os quais, conforme a tarefa, poderão ou não ser encostados, contornados etc.;
- A capacidade de organização pode ser facilitada ou dificultada (escolha da distância entre os colegas, colocar tarefas extras antes ou após a recepção, a relação do espaço entre os colegas etc.;
- Escolher o tempo de ação de forma que o controle da bola e a precisão do passe sejam mantidos.

VARIAÇÕES

- Manter a distância entre os colegas sempre constante (Mão – complexidade II);
- Variar a forma de lançamento e recepção: uma mão-duas mãos, passe direto/indireto (Mão – complexidade II).

132 Escola da Bola orientada para o desenvolvimento das capacidades

42

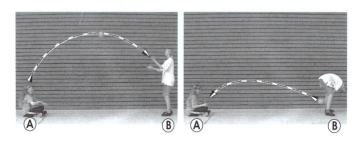

A e B estão posicionados a poucos metros entre si, um sentado e outro em pé, passando-se em diferentes posições uma bola (por exemplo, de costas, por entre as pernas, sentado etc.).

OBSERVAÇÕES/ DICAS
- As tarefas podem ser realizadas de modo a controlar o quique da bola (cf. p. 146);
- As tarefas podem conter em forma parcial elementos que desenvolvam a flexibilidade ou a mobilização de força.

VARIAÇÕES
- A e B estão parados ou sentados um de frente para o outro. A, com uma bola, lança esta de costas para B, este a recebe e acompanha o lançamento fazendo flexão na frente com um ativo trabalho de punho (Mão – complexidade II);
- A tem a bola acima da cabeça com as duas mãos e realiza um salto e giro de 180°, lançando a bola por cima da cabeça de forma a quicar para B (Mão – complexidade III);
- A tem a bola entre as pernas, segurando-a com os dois pés simultaneamente e procurando realizar um movimento giratório com salto ("centrifugado") passa-a para B (Mão, pé – complexidade III).

Pressão da variabilidade **133**

43

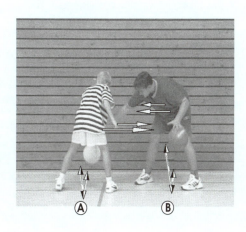

A e B se colocam um de frente para o outro, cada um com uma bola, quicando-a permanentemente. Os dois devem procurar (sem fazer contato pessoal com um colega) encostar a mão na bola do outro.

OBSERVAÇÕES/DICAS

- Determinar e delimitar o espaço do jogo de forma que este não se converta em uma corrida atrás do adversário;
- Quem perde a bola procura esta e reinicia o desafio;
- Dar ênfase ao trabalho de lateralidade;
- Combinar previamente o que significa perder a bola;
- Descobrir diferentes formas de proteger a bola da ação do adversário.

VARIAÇÕES

- A e B estão colocados de costas um para o outro e procuram (empurrando de costas) fazer com que o colega perca a posse da bola sem deixar de quicá-la (Mão – complexidade III);
- A e B dão as mãos e procuram, deslocando e puxando o colega, que este perca a posse da bola (Mão – complexidade III).

134 Escola da Bola orientada para o desenvolvimento das capacidades

44

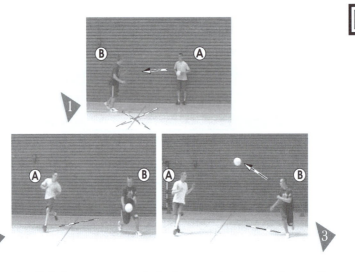

 A e B deslocam-se um ao lado do outro. A passa a bola para B no momento em que este cruza seu caminho;

 B recebe a bola e realiza a mesma ação no momento em que A cruza a frente dele;

 Agora A vai correr na frente de B, cruzando para receber novamente a bola.

- As marcações do campo de jogo podem servir como forma de orientação para as ações de cruzamento;
- Podem ser trabalhadas tarefas adicionais, como observar se a mão do colega está levantada, com o punho aberto ou fechado etc., de maneira a desenvolver diferentes formas de passe.

OBSERVAÇÕES/ DICAS

- Determinar a quantidade de passadas a realizar com a bola ou de quiques que podem ser realizados com esta (Mão – complexidade III);
- Após a recepção da bola, colocá-la no chão conduzida com os pés, recepcioná-la e passar para o colega (Mão, pé – complexidade II).

VARIAÇÕES

Pressão da variabilidade 135

45

A e B se posicionam entre cones a uma distância previamente estabelecida e têm a tarefa de passar a bola entre si. C procura interceptar o passe ("Peruzinho"/"Peru"). A troca de posição pode ser feita após interceptação ou número preestabelecido de passes.

OBSERVAÇÕES/ DICAS
- Nenhum passe pode ser realizado acima da altura do ombro;
- O tamanho entre os dois cones que marcam o espaço de A e B deve ser adaptado ao nível de rendimento do grupo;
- Pode ser recomendada a utilização de diferentes tipos de finta.

VARIAÇÕES
- O defensor pode "trabalhar" somente em determinados setores (Mão – complexidade III);
- Variações dos passes com uma mão-duas mãos, passe direto/indireto etc. (Mão – complexidade III);
- Dar pontos para o defensor cada vez que ele conseguir interceptar ou encostar na bola (Mão – complexidade III).

136   Escola da Bola orientada para o desenvolvimento das capacidades

Pressão da variabilidade	Pressão do tempo	Pressão da organização	
✋			III

46

A e B, cada um com uma bola, ficam posicionados um atrás do outro. A quica as duas bolas, deslocando-se para frente, e B deve imitar a seqüência de movimentos de A.

- Podem ser utilizados diferentes aparelhos para montar percursos, como, por exemplo, banco sueco, pneus, cones, pequenos plintos etc.;
- As linhas da quadra podem simbolizar avenidas pelas quais se deve transitar;
- No início, trabalhar sem fazer mudanças bruscas de movimento; depois, A pode aumentar a velocidade;
- Quando um perde o controle da bola, o colega deve esperar quicando a bola no seu lugar;
- Inicialmente, utilizar bolas do mesmo tipo, peso e tamanho, de forma que o ritmo do exercício e o ritmo da imitação possam ser facilitados.

OBSERVAÇÕES/ DICAS

- Variações na forma de quicar a bola (simultânea), alternando-a (Mão – complexidade III);
- Variações no movimento de deslocamento: andar, correr, deslocando a lateral, saltitando etc. (Mão – complexidade III).

VARIAÇÕES

Pressão da variabilidade | **137**

47

Em um setor previamente estabelecido, que será gradativamente reduzido, os jogadores devem conduzir uma bola com um pé, primeiro andando e depois correndo, evitando trombar-se no espaço.

OBSERVAÇÕES/ DICAS

- Solicitar que a bola seja conduzida o mais próximo possível do corpo;
- Colocar cones para marcar, de forma variável, os setores de jogo.

VARIAÇÕES

- Ao sinal acústico ou visual, realizar diferentes gestos de parar, pisar a bola – sola do pé, joelho, parte externa do pé, cotovelo etc. (Pé – complexidade II);
- Ao sinal, parar a bola e rapidamente passar ao colega que esteja mais próximo, dando seqüência à nova condução da bola (Pé – complexidade III);
- Ao sinal, deve-se abandonar rapidamente o setor de jogo conduzindo a bola e, em um determinado espaço, chutar fazendo pontaria em determinados alvos preestabelecidos (Pé – complexidade III);
- Num setor onde se conduz a bola há um "ladrão" que é habilitado através de um sinal acústico ou visual e procurará tirar a bola do adversário sem cometer falta (Pé – complexidade III).

138 Escola da Bola orientada para o desenvolvimento das capacidades

Pressão da variabilidade	Pressão da precisão		
	👣		II

48

A deve conduzir uma bola atravessando um setor no qual vários colegas estão posicionados nas laterais sob a forma de um túnel, passando a bola entre eles. A deve chutar a bola para frente "de surpresa" no meio das duas fileiras. Os adversários devem procurar acertar a bola sem encostar em A.

OBSERVAÇÕES/ DICAS
- O tamanho do espaço de jogo e a escolha do tamanho da bola devem ser adaptados ao nível de rendimento dos alunos.

VARIAÇÕES
- Conduzir a bola e chutá-la sempre com o mesmo pé (Pé – complexidade II);
- Dois ou mais jogadores conduzindo a bola (Pé – complexidade II);
- Quem acertar na bola troca de função (Pé – complexidade II);
- O jogador que conduz a bola pode utilizar duas bolas (Pé – complexidade III).

Pressão da variabilidade **139**

49

A, B e C e um outro grupo de três jogadores passam a bola entre si em um espaço predeterminado. Os grupos têm a tarefa de passar a bola entre os participantes sem se trombarem e sem que as bolas batam entre si, evitando as colisões.

OBSERVAÇÕES/
DICAS

- No início, deslocar-se a uma velocidade moderada dentro do grupo de três e sinalizar com as mãos quando estiverem livres para receber.

VARIAÇÕES

- No campo de jogo são colocados diferentes gols. Os passes devem ser realizados de forma a conseguir que a bola passe o mais freqüentemente possível entre estes gols (Pé – complexidade III);
- Variar o tipo de passe entre os colegas: direto, com peito do pé, parte interna etc. (Pé – complexidade III);
- A bola passada pelo colega deve ser deixada rolar por entre as pernas; girar e pegar esta antes e depois de fazer novo passe (Pé – complexidade III).

140 Escola da Bola orientada para o desenvolvimento das capacidades

| Pressão da variabilidade | Pressão da organização | | II |

50

Em um espaço previamente marcado por bancos suecos deitados lateralmente, cada jogador conduz com sua raquete/bastão uma bola. Os jogadores se deslocam livremente (conduzindo-a em todas as direções) e devem procurar permanentemente passar a bola contra o banco e recebê-la de volta, buscando uma nova possibilidade de realizar uma tabelinha.

OBSERVAÇÕES/ DICAS

- Na tomada de decisão sobre o tipo de passe (contra o banco sueco), deve-se observar sempre a posição em que o colega se encontra de forma a não trombar com ele, ou seja, somente executar os autopasses quando o caminho estiver livre;
- Não se pode repetir simultaneamente no mesmo banco sueco a tabelinha.

VARIAÇÕES

- A um sinal determinado, pode-se solicitar dos jogadores que parem com a bola e coloquem uma outra em jogo, que estaria na mão (Raquete, bastão – complexidade III);
- Procurar variações de passe ou de recepção: revés, condução frontal etc. (Raquete, bastão – complexidade III);
- Colocar um ou dois defensores que trabalhem de maneira seletiva a fim de procurar dificultar o passe aos bancos suecos (Raquete, bastão – complexidade III).

Neste momento não serão apresentados exemplos dentro da categoria de exigência de pressão da carga. Em princípio, para melhoria da coordenação neste tipo de exigência de movimento, todos os 50 exercícios descritos podem ser aplicados. Para isto, eles podem ser ligeiramente modificados de forma a incorporar um fator condicional-energético (ou pressão psíquica). Aqui se oferece uma série de alternativas de organização. Nas figuras 12-14 são apresentadas três formas metodológicas diferentes: a transposição das tarefas individuais para revezamentos, os circuitos (ou a organização) com controle, ou teste de habilidade também denominado "ação artística com a bola".

Estafeta

Nas figuras 12a e 12b são apresentadas quatro formas diferentes de organizar estafetas. As estafetas são de fácil organização e distribuição no espaço. São muito adequadas quando se deseja trabalhar determinadas condições coordenativas em situações de sobrecarga física ou condicional.

Circuito de bola

Da mesma forma que as sugestões colocadas para as estafetas, podem ser organizados circuitos (ou percursos) de bola. As figuras 13a e 13b apresentam algumas alternativas de organização dos mesmos. Nestes, os conteúdos podem ser variados e modificados em inúmeras alternativas. Além disto, os percursos podem ser realizados de diferentes formas: individuais ou grupos, com ou sem pressão do tempo, ou por quantidade de pontos a serem alcançados.

Teste de habilidade com bola

Finalmente, na figura 14, podemos observar algumas ações que poderiam ser chamadas de artísticas para testar a arte do quique da bola. Isto pode ser organizado na forma de um trabalho em degraus ou de pirâmide. A forma de estruturação pode ser de uma simples competição a uma apresentação circense. Uma rigorosa determinação das regras de forma a se conseguir uma clara carga física ou psíquica é característica dos testes com quique da bola. Quando é cometido um desvio da conduta preestabelecida (seja isto na penúltima ou na primeira tarefa), a prova deve ser realizada desde o início novamente, após responder a pergunta "como posso superar a tarefa?". A seguir, outra questão: quem pode absorver a prova total sem erros?

142 Escola da Bola orientada para o desenvolvimento das capacidades

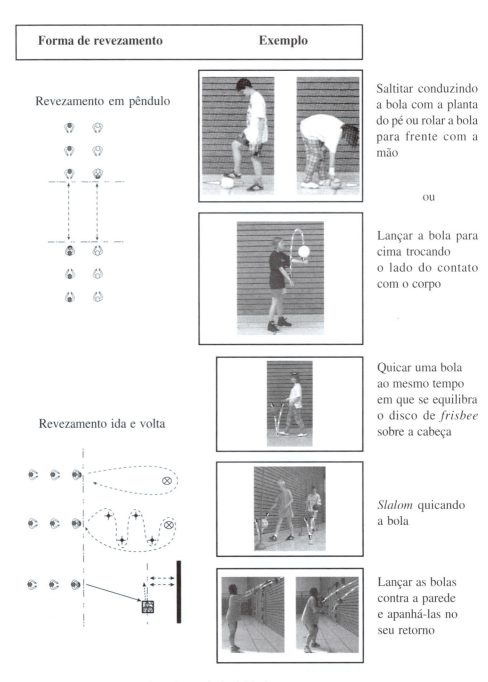

Fig. 12a: Exemplos de transposição das tarefas individuais para revezamentos.

Forma de revezamento	Exemplo

Revezamento circular

Movimentação
para frente
quicando a bola

ou

Movimentação
para frente
equilibrando
a bola

Revezamento em retângulo

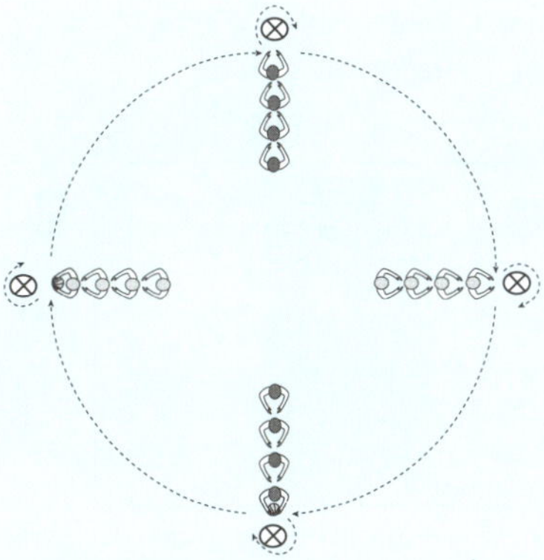

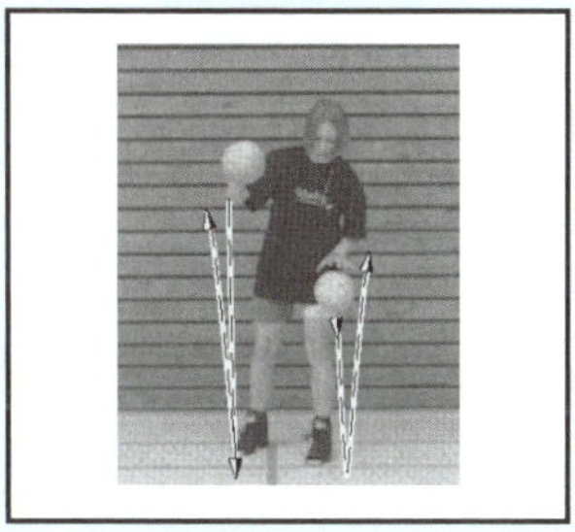

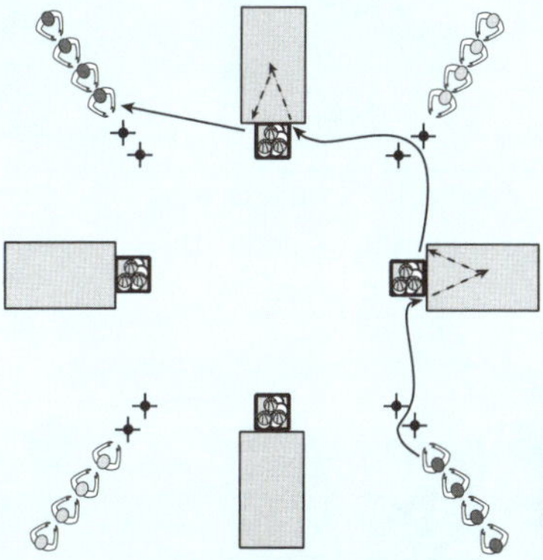

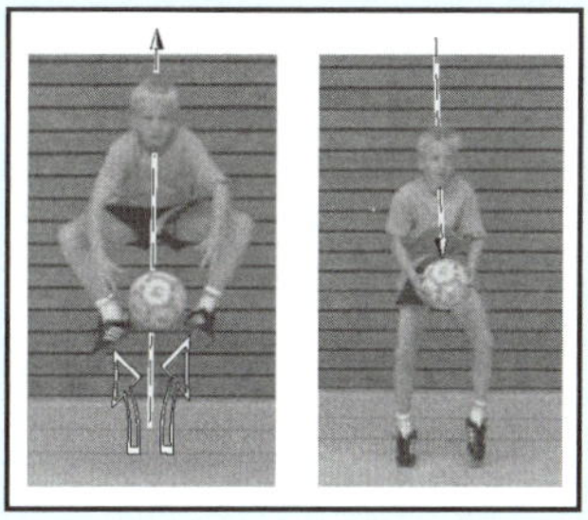

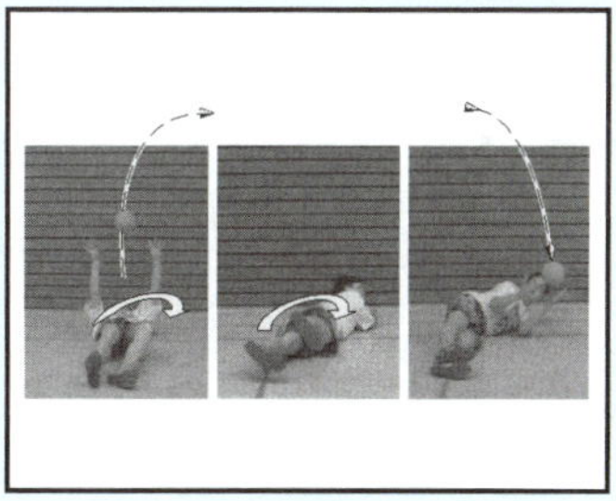

São realizadas
tarefas sobre
colchonetes
com utilização
de bolas

Fig. 12b: Exemplos de transposição das tarefas individuais para revezamentos.

144 Escola da Bola orientada para o desenvolvimento das capacidades

Rolar uma bola sobre o banco sueco

Posicionado sobre o banco sueco, lançar uma bola contra a parede

Lançamento da bola contra a parede

Lançar a bola contra a parede

Quicar a bola transportando um *frisbee* sobre a cabeça

Lançar a bola entre as pernas para trás e para cima, apanhando-a em seguida

Lançar uma bola para o alto e saltar sobre o banco

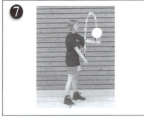

Controlar a bola com os dois braços enquanto se desloca

Lançar a bola com a mão contra a parede de forma que ela quique no solo, e em seguida chutá-la contra a parede

Quicar a bola em *slalom*

Lançar a bola para cima sentado e segurá-la quando estiver em pé

Lançar a bola para cima e agachar-se em seguida

Fig. 13a: Exemplo de um circuito com controle de bola.

Pressão da carga 145

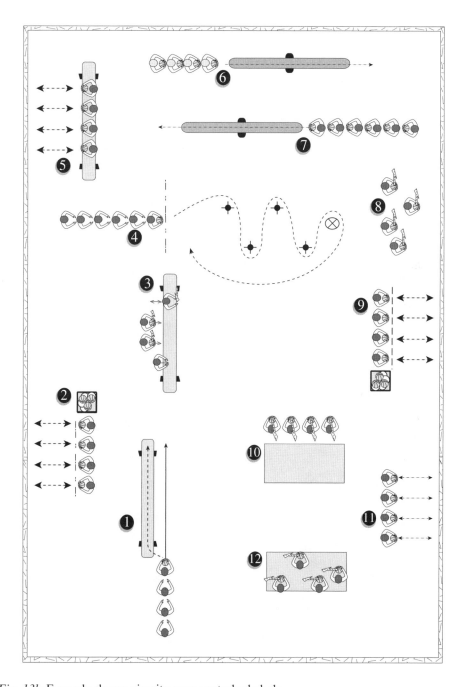

Fig. 13b: Exemplo de um circuito com controle de bola.

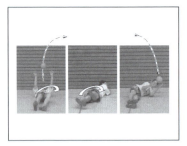

Duas repetições
• Giro no sentido longitudinal

Seis repetições
• Quicar a bola para a frente, entre as pernas ou atrás delas

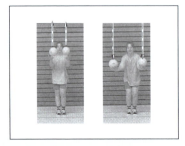

Dez repetições
• Bater palmas

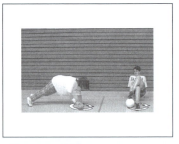

Duas repetições
• Contornar a mão com a bola
• Contornar o pé com a bola

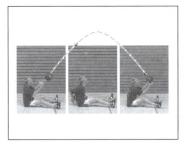

Oito repetições
• Bater palmas para frente e atrás do corpo

Doze repetições
• Lançar a bola para cima, de um lado para o outro

Fig. 14: Exemplo de um teste de habilidade com bola.

Escola da Bola orientada para o desenvolvimento das habilidades

Capítulo 4

Introdução

Simbologia dos desenhos e formas de apresentação

Coleção de exercícios

Controle dos ângulos
Regulação de aplicação da força
Determinar o momento do passe
Determinar linhas de corrida e tempo da bola
Oferecer-se
Antecipar a direção do passe
Antecipação defensiva
Observação dos deslocamentos

Introdução

O acesso às habilidades orientadas representa a "inovação" e a praticidade menos conhecida da jovem Escola da Bola. Muitos conceitos aplicados à ela no capítulo 1 ainda têm um caráter temporário. Eles devem ser repensados no futuro. De acordo com o nível atual de conhecimento podemos partir de oito elementos técnicos que conceituam os jogos desportivos:

* **Controle dos ângulos:** oferecer/viabilizar tarefas sensório-motoras, em que o objetivo seja regular e conduzir, de forma precisa, a direção de uma bola lançada, chutada ou rebatida.

Significação das peças técnicas

* **Regulação de aplicação da força:** oferecer/viabilizar tarefas sensório-motoras em que o importante seja conduzir/regular de forma precisa a força de uma bola lançada, chutada ou rebatida.

* **Determinar o momento do passe:** apresentar tarefas sensório-motoras em que possa ser determinado o espaço, o momento espacial para passar, chutar ou rebater uma bola de forma precisa.

* **Determinar linhas de corrida e tempo da bola:** apresentar/exercitar tarefas em que o importante seja determinar com precisão a direção e a velocidade de uma bola no momento de correr e pegá-la.

* **Oferecer-se:** apresentar/exercitar tarefas em que o importante seja preparar ou iniciar a condução de movimento no momento certo.

* **Antecipar a direção do passe:** apresentar/exercitar tarefas sensório-motoras em que o importante seja determinar as corretas direção e distância de uma bola passada, antecipando-a corretamente.

* **Antecipação defesiva:** apresentar/oferecer tarefas sensório-motoras em que o importante seja antecipar, prever a real posição de um ou vários defensores.

* **Observação dos deslocamentos:** apresentar tarefas sensório-motoras em que o importante seja o jogador perceber os movimentos, deslocamentos de um ou vários adversários.

Simbologia dos desenhos e formas de apresentação

Três critérios de ordem para os exercícios

A coleção de exercícios será estruturada novamente, segundo os mesmos critérios apresentados nos capítulos 2 e 3. O primeiro critério de ensinamento é a que tipo de atividade ("peça") esta atividade se encaixa. Logo após, seguem os critérios mão, pé, raquete/bastão e, em um terceiro momento, o nível de complexidade. Para cada peça, temos seis exercícios.

Possibilidades de aplicação

A Escola da Bola orientada para o desenvolvimento das habilidades pode ser integrada na parte principal de forma sistemática e planejada na aula ou no treinamento.

Simbologia dos desenhos e formas de apresentação

Ordenamento da coleção de exercícios

Neste momento pode-se voltar ao capítulo 2. Os símbolos correspondem aos detalhes apresentados na figura 7. A apresentação dos exercícios segue o padrão da figura 8.

150 Escola da Bola orientada para o desenvolvimento das habilidades

A e B estão confrontados a uma distância de 3 a 5 metros. A procura passar a bola para B a diferentes alturas, uma atrás da outra. B recebe a bola e passa esta de volta da forma que desejar. Uma seqüência pode ser: sobre cabeça, peito, joelho, pé. Logo há troca de tarefa.

- O colega pode sinalizar com os braços onde deseja receber a bola;
- Após cada seqüência, deve-se trocar o braço, o tipo de lançamento ou do tipo de bola;
- A escolha da distância pode ser variada, dependendo do nível de capacidade das crianças e do tipo de bola.

OBSERVAÇÕES/ DICAS

- Passe indireto (Mão – complexidade I);
- Passe em movimento (Mão – complexidade II);
- A seqüência do passe será determinada pelo receptor por meio de um sinal (Mão – complexidade II).

VARIAÇÕES

Controle dos ângulos 151

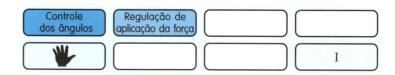

2

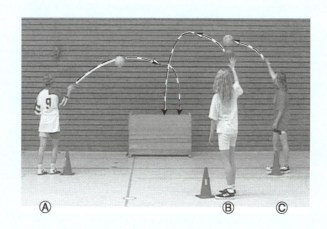

Do lado de uma parede será colocado um plinto sem sua tampa, de forma a poder receber as bolas no seu interior. Os jogadores A, B e C estão colocados em diferentes distâncias e direções da parede, procurando lançar a bola contra ela de forma que entre no plinto (como se fosse uma cesta).

OBSERVAÇÕES/ DICAS

- Podem ser colocados cones para delimitar as posições de partida do jogador;
- Utilizar bolas pequenas; também podem ser colocados baldes como cestas;
- O exercício se adapta para ser utilizado em uma forma competitiva, ou como parte da estafeta.

VARIAÇÕES

- Modificar a distância do objetivo e da parede (Mão – complexidade II);
- Modificar a distância dos jogadores em relação ao objetivo (Mão – complexidade II);
- Lançar com os olhos fechados (Mão – complexidade II);
- Lançamento quicado contra a parede (Mão – complexidade II);
- Chutar com o peito do pé (Pé – complexidade II).

152 Escola da Bola orientada para o desenvolvimento das habilidades

A tem a tarefa de passar a bola com o pé para seu colega B na distância entre dois cones que formam um gol. B deve sempre devolver a bola e se posicionar novamente em um novo ponto de partida.

OBSERVAÇÕES/ DICAS

- O gol e os objetivos de passe podem ser marcados com cones;
- A linha dos ombros de A deve estar sempre paralela à linha de gol;
- O passe com a parte interna do pé deve ser revisado;
- A distribuição de cones, isto é, pontos onde B deverá se posicionar, depende do nível de rendimento.

VARIAÇÕES

- B pára a bola no ponto de passe, conduz até o próximo objetivo e, nessa posição, devolve a bola para A (Pé – complexidade I);
- B pára a bola no ponto objetivado, conduz a bola em torno dele e devolve para A (Pé – complexidade I);
- A conduz a bola entre os cones que delimitam o gol e passa a bola para B (Pé – complexidade II).

Controle dos ângulos 153

4

Apoiado numa parede, suspende-se um colchão no qual são marcados com giz diferentes alvos. Os jogadores têm a tarefa de chutar a bola de diferentes distâncias e direções, procurando acertar os alvos.

| OBSERVAÇÕES/DICAS | • No lugar de um colchão pode ser utilizado um espaldar para marcar um gol na parede;
• Não é importante a potência do chute. |

| VARIAÇÕES | • Utilizar diferentes bolas em cada ponto de chute. Após uma quantidade de tempo, devem trocar as posições (Pé – complexidade I);
• Forma competitiva: em cada objetivo podem ser colocados diferentes quantidades de pontos (Pé – complexidade II);
• Os objetivos podem ser feitos com a mão – forte ou fraca (Mão – complexidade I). |

Controle dos ângulos	Regulação de aplicação da força		
		🖐️🦅	II

5

Vários bancos suecos são colocados deitados em seqüência um ao lado do outro e, a uma distância de um a dois metros deste, é marcada uma linha com cones. O jogador tem a tarefa de, usando o bastão de forma a bater contra o banco sueco, pegar a bola entre os cones para fazer tabelinhas (passando e recebendo).

OBSERVAÇÕES/ DICAS

- A escolha da distância entre os cones determina a condução dos ângulos no momento do passe;
- No início, colocar distâncias iguais e, depois, distâncias variadas;
- Primeiramente, iniciar com o passe na posição em pé depois em movimento.

VARIAÇÕES

- Os cones devem ser considerados como obstáculos ou defensores e driblados como tal (Bastão, raquete – complexidade I);
- Formar uma rua onde a cada lado desta haja uma fileira de bancos suecos deitados, exigindo desta forma o passe de frente e de revés (Bastão, raquete – complexidade II);
- Exercício em duplas: o colega está sempre entre os cones que vêm na seqüência, recebendo-se assim o passe indireto da bola batida nos bancos suecos (Raquete, bastão – complexidade II).

Controle dos ângulos 155

6

A uma distância de 4 e 6 metros são colocadas macas de ginástica ou cones. Os jogadores estão atrás de um gol marcado por cones e procuram – batendo de forma alternada na bola – derrubar um dos objetivos. Somente quando todos os objetivos forem derrubados é que serão novamente colocados em pé.

OBSERVAÇÕES/ DICAS

- Prestar atenção na posição dos pés e do giro do corpo, de forma a organizar o controle dos ângulos;
- Não permitir o movimento de preparação (com o bastão) muito amplo, levando este muito para trás ou para cima (nunca acima dos ombros).

VARIAÇÕES

- Colocar mais de um cone escondido um atrás do outro de forma que possam ser derrubados em seqüência (Raquete – complexidade II);
- Estabelecer uma seqüência determinada para derrubar os objetivos (Raquete – complexidade II);
- Distância e direção dos lançadores devem ser modificadas permanentemente (Raquete – complexidade III);
- Como variação, pode-se lançar a bola, ou chutar com o pé, procurando acertar os alvos (Mão, pé – complexidade I).

156 Escola da Bola orientada para o desenvolvimento das habilidades

Regulação de aplicação da força	Controle dos ângulos		
✋			I

7

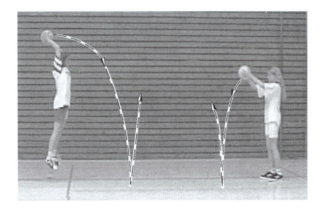

Dois jogadores ficam um de frente para o outro, cada um com uma bola. As bolas devem ser passadas entre eles na posição "de pé" ou em salto, com as duas mãos por trás da cabeça, de forma que quiquem no chão e alcancem a altura da cabeça do colega para que este a receba sem ultrapassar uma determinada altura.

OBSERVAÇÕES/DICAS

- Cada um recebe bolas de tipos diferentes;
- Após uma determinada quantidade de repetições, as bolas serão trocadas entre os colegas.

VARIAÇÕES

- Determinar a altura do quique da bola: peito, altura da cabeça etc. (Mão – complexidade I);
- O colega lança a bola determinando assim a altura que o outro deve alcançar (Mão – complexidade I);
- Superação de obstáculos: cones, plintos, corda elástica, banco sueco. Nesses casos é válido que o objetivo seja superado o mais próximo possível (Mão – complexidade II);
- Lançamento com uma mão (Mão – complexidade II).

Regulação de aplicação da força **157**

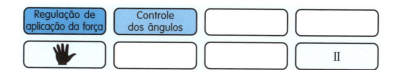

8

Acima de um plinto, devem ser colocados diferentes objetos. Atrás do plinto são colocados bambolês, arcos ou aros. Os jogadores se posicionam a uma distância de 2 a 3 metros do plinto. A idéia é lançar de forma a acertar os objetos que deverão cair nos arcos/bambolês.

OBSERVAÇÕES/ DICAS
- Os objetos acima do plinto podem ser: bolas de papel, bolas de tênis, cones de plástico, objetos de papel-cartão etc.;
- No lugar dos bambolês no chão, podem ser marcadas linhas com giz ou colocadas caixas de papelão, ou também as linhas de marcação da quadra de ginástica;
- A distância entre os jogadores e o plinto não deve ser muito grande, para que as exigências na precisão não sejam grandes;
- Juntar os objetos atingidos após um sinal combinado.

VARIAÇÕES
- O objetivo do lançamento será marcado por comando externo (Mão – complexidade II);
- Organizar a tarefa na forma de pequenos grupos (Mão – complexidade II).

158 Escola da Bola orientada para o desenvolvimento das habilidades

| Regulação de aplicação da força | Controle dos ângulos | | |
| ✋ | | | II |

9

Na frente de uma parede, duas colunas, a uma distância de 2 a 10 metros, devem ser marcadas por bambolês, arcos ou aros deitados no chão. Paralelamente dois jogadores, um em cada coluna, partem em direção à parede procurando uma bola que está colocada no chão e tem a tarefa de lançá-la contra a parede de forma a recebê-la sem abandonar os bambolês. Se conseguirem, passam para o próximo bambolê mais distante realizando novamente o passe de recepção contra a parede. Recebendo a bola dentro do bambolê, pode passar ao próximo e assim por diante.

- A escolha da bola e das distâncias deve ser adaptada ao nível de rendimento do grupo;
- Pode ser jogada também de forma competitiva ou na forma de uma estafeta.

OBSERVAÇÕES/ DICAS

- O lançamento contra a parede pode ser com uma mão-duas mãos, direto/indireto (Mão – complexidade III);
- Determinar o local onde a parede possa ser atingida (Mão – complexidade III);
- Lançamento contra a parede de costas, giro de 180° e recepção da bola (Mão – complexidade III);
- Modificar a forma de recepção, altura do peito, altura da cabeça, com um salto ou com uma mão;
- Lançar com os olhos fechados (Mão – complexidade III);
- Chutar contra a parede (Pé – complexidade III).

VARIAÇÕES

Regulação de aplicação da força 159

10

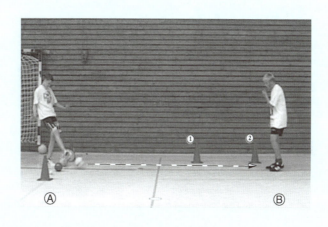

Dois jogadores estão um de frente para o outro. A está posicionado atrás de uma linha na qual estão colocadas diferentes bolas. B está posicionado a altura de um cone e troca de posição após passar a bola de volta para A, entre os cones 1 e 2, conforme a foto. A deve passar a bola para B de forma que este possa dominá-la com a sola do pé sem dificuldades.

OBSERVAÇÕES/ DICAS
- A organização da tarefa exige um espaço amplo e variável para serem colocados os cones, de forma a poder alternar os tipos de passe, força e a forma de execução;
- Após uma determinada quantidade de passes, troca-se as posições de A e B.

VARIAÇÕES
- Diferentes tipos de passes, parte interna do pé, parte externa do pé, peito do pé, esquerda/direita, lançamento, com raquete (Mão, pé, raquete – complexidade II).

160 Escola da Bola orientada para o desenvolvimento das habilidades

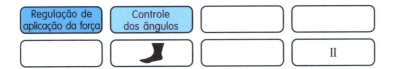

II

11

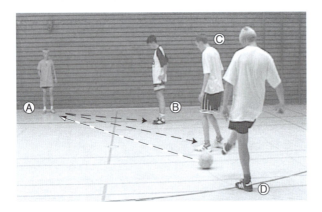

Em um grupo de 3 a 5 jogadores, A é colocado na posição fixa de passador. B, C e D são posicionados em distâncias variadas com relação a A. A passa a bola com o pé para B, que a devolve. A passa a bola para C, que a devolve para A e assim por diante. No momento em que A recebe a bola de B, este pára a bola com o pé e todos fazem uma troca de posição subindo uma letra, e o último vai ocupar a posição de A como passador fixo. Os jogadores devem procurar a manutenção das distâncias.

- Os passes devem ser tão precisos e com força dosificada de forma que seja possível o controle da bola;
- Para marcar a posição de cada jogador, podem ser utilizados cones.

OBSERVAÇÕES/ DICAS

- B, C e D também têm uma bola e procuram passá-la para A na seqüência de forma que esta chegue a A o mais rápido possível (Pé – complexidade I);
- Os jogadores B, C e D se movimentam em diferentes setores marcados por cones, setores em que devem receber o passe de A (Pé – complexidade II);
- Após cada troca, é colocada mais uma bola em jogo (Pé – complexidade II);
- Variação do tipo de passe: parte interna do pé, parte externa do pé, peito do pé, esquerda/direita, lançamento, com raquete (Mão, pé, raquete – complexidade II).

VARIAÇÕES

Regulação de aplicação da força | 161

12

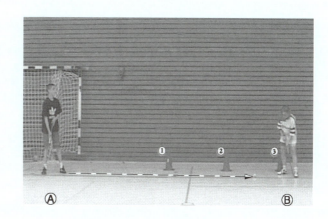

Dois jogadores estão posicionados um de frente para o outro com uma bola. A distância entre eles é determinada por uma série de cones; A permanece sempre na mesma posição e B, após passar a bola, deve se movimentar para o cone seguinte. Os jogadores têm a tarefa de passar a bola com o bastão de forma continuada, controlando o movimento do passe.

OBSERVAÇÕES/ DICAS
- A distância entre os cones, no início, deve ser mantida o mais ampla possível, de forma que a regulação de aplicação da força seja eficiente.

VARIAÇÕES
- Trocar sempre o passe de frente e de revés (Mão – complexidade II);
- Utilizar a "mão fraca" (Mão – complexidade III);
- Variar as partes do corpo com as quais se passa a bola: mão, cabeça, pé, punho (Mão, pé, raquete – complexidade II).

| Determinar o momento do passe ✋ | Controle dos ângulos | Regulação de aplicação da força | III |

13

Um jogador tem uma bola em cada mão. Deve lançar uma bola contra a parede e, quando esta voltar, rebatê-la com a outra bola (segunda bola), que será agora segurada com as duas mãos e servirá como ponto de apoio para bater na primeira, lançando-a contra a parede novamente. Esse rebote poderá ser aumentado em sua repetição antes de se recepcionar a bola novamente.

- Utilizar bolas de tamanhos diferentes;
- É adequado como forma competitiva: verificar quem consegue dois, três rebotes sucessivamente.

OBSERVAÇÕES/ DICAS

- Deixar a bola quicar uma vez no chão antes de rebatê-la (Mão – complexidade III);
- Delimitar um ponto fixo no qual se deve rebater a bola na parede (Mão – complexidade III);
- Variar a distância da parede (Mão – complexidade III);
- Tarefas em duplas: cada um tem uma bola nas mãos, enquanto isso uma terceira está sendo jogada entre eles contra a parede (Mão – complexidade III);
- A cada segundo rebote, a bola poderá ser rebatida com a cabeça ou com o pé (Mão, pé, cabeça – complexidade III).

VARIAÇÕES

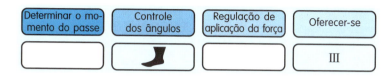

| 14 |

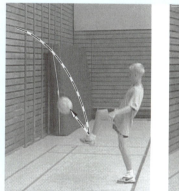

Lançar uma bola contra a parede e orientar-se em relação ao seu rebote de forma a poder jogar novamente com o pé contra a parede. Receber a bola a uma determinada altura com as mãos.

OBSERVAÇÕES/ DICAS

- Observar a distância da parede;
- A altura da recepção deve ser determinada previamente (joelho, peito, cabeça, acima da cabeça).

VARIAÇÕES

- Diferentes formas de chutar contra a parede (Pé – complexidade III);
- Utilizar o pé ou a perna fraca, alternando o chute/passe com a parte interna/externa do pé (Pé – complexidade III);
- Partindo de diferentes posições do corpo, lançar a bola contra a parede: com salto, ajoelhado, sentado, de costas etc. (Mão – complexidade III).

164 Escola da Bola orientada para o desenvolvimento das habilidades

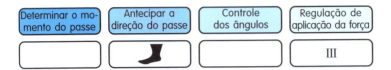

15

Com um colchão de salto apoiado na parede marca-se um gol, no qual são desenhados vários alvos. A passa a bola rolada para B de forma perpendicular ao gol. Os jogadores da fileira de B têm a tarefa de chutar a gol ou aos alvos marcados, tentando acertar nestes.

OBSERVAÇÕES/DICAS

- A deve ser sempre carregado de bolas (de diferentes tamanhos e pesos) para poder repassá-las aos colegas da fileira B;
- Os grupos não devem ter muitos jogadores na sua composição, de forma que a freqüência de participação não seja prejudicada;
- Observar a distância entre os jogadores e o colchão de forma a não sobrecarregar o aspecto "precisão" no chute.

VARIAÇÕES

- Cada jogador da fileira B receberá duas bolas na seqüência e deverá chutá-las, uma atrás da outra (Pé – complexidade III);
- Forçar os alunos a usar a "perna fraca" (Pé – complexidade III);
- Variar a velocidade da bola rolada para a fileira B (Pé – complexidade III);
- Todos os jogadores têm um bastão (Bastão – complexidade III).

Determinar o momento do passe | 165

16

Lançar a bola usando a mão contra a parede e cabeceá-la após o rebote, fazendo com que retorne à parede nas alturas previamente delimitadas, conforme a foto.

OBSERVAÇÕES/ DICAS
- Determinar a distância do jogador em relação à parede;
- Determinar o ponto no qual a bola será cabeceada, falando no momento em que a bola se encontra no ar;
- Dar preponderância a bolas leves, preferencialmente aquelas que são de espuma (feitas em propileno).

VARIAÇÕES
- Antes de cabecear a bola, exigir uma tarefa extra: bater palmas, girar etc. (Cabeça – complexidade III);
- Cabecear a bola contra a parede de forma repetida e na forma de competição: pode-se contar o tempo ou a quantidade de contatos (Cabeça – complexidade III);
- Utilizar diferentes partes do corpo com seqüência preestabelecida ou não: pé, coxa, punho, mão (Mão, pé, mão, raquete – complexidade III).

166 Escola da Bola orientada para o desenvolvimento das habilidades

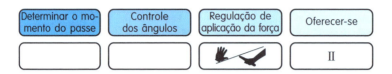

As crianças estão colocadas de frente para a parede a uma distância de aproximadamente 3 a 5 metros. A idéia da atividade é lançar a bola contra a parede, fazendo com que esta quique no chão em um espaço previamente delimitado; no momento em que ela levantar, a criança deve bater com a mão aberta na bola, dirigindo-a contra a parede.

| OBSERVAÇÕES/DICAS |

- Adequado para fazer em forma de competição: conseguir um número determinado de posições – sem perder o controle da bola – num determinado espaço de tempo;
- Não utilizar bolas muito pesadas ou muito duras;
- Dar preferência à posição lateral em relação à bola.

| VARIAÇÕES |

- Marcar alvos na parede que deverão ser acertados (Mão, raquete – complexidade II);
- Utilizar partes diferentes de contato da mão: punho, palma, esquerda/direita (Mão, raquete – complexidade III);
- A bola não pode quicar no chão (Mão, raquete – complexidade III);
- Utilizar raquetes de tênis, de tênis de mesa, de madeira – tipo as de frescobol – com as respectivas bolas (Raquete – complexidade II).

Determinar o momento do passe 167

18

Desenhar na parede diferentes setores como se fossem uma escada. A uma distância de três a cinco metros o jogador lança a bola para cima e bate nela com a mão, de modo semelhante ao saque de bola, tentando que esta acerte num dos setores da parede, iniciando de cima para baixo.

OBSERVAÇÕES/ DICAS
- É recomendável que o jogador adote uma posição tendo um pé na frente do outro, sendo aconselhável a perna esquerda na frente para os destros;
- O lançamento da bola para cima e a sua qualidade determinam em grande parte o êxito na tarefa;
- Os setores que deverão ser acertados podem iniciar-se de cima para baixo ou de baixo para cima.

VARIAÇÕES
- Pode-se também trabalhar sentado, estando a uma distância mais próxima da parede (Mão, raquete – complexidade II);
- Trabalhar também com a mão menos hábil (Mão, raquete – complexidade III).

Escola da Bola orientada para o desenvolvimento das habilidades

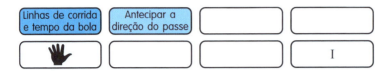

19

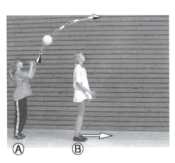

A, com uma bola, está posicionado a dois metros atrás de B, que está de costas para ele. A lança a bola por cima da cabeça de B, que deve correr e receber a bola antes que ela quique no chão. Estabelecer um número de repetições antes de trocar de tarefa.

OBSERVAÇÕES/ DICAS

- A ênfase do trabalho deve ser colocada de forma que a tarefa torne-se adequada, ou seja, possível de B pegar a bola;
- Para facilitar, no início, pode-se solicitar que a bola seja lançada muito alto;
- Essa atividade pode ser realizada no campo, na forma de estações ou em grupos de três.

VARIAÇÕES

- B está posicionado em relação a A de diferentes formas: deitado de barriga para baixo, sentado, ajoelhado etc. (Mão – complexidade II);
- Estabelecer variações na forma de recepção da bola: com uma bola, altura, posição do corpo etc. (Mão – complexidade III);
- A lança ou rebate a bola primeiro contra o chão, fazendo-a passar por cima da cabeça de B (Mão – complexidade II).

Linhas de corrida e tempo da bola

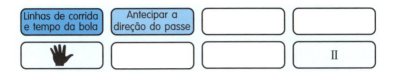

20

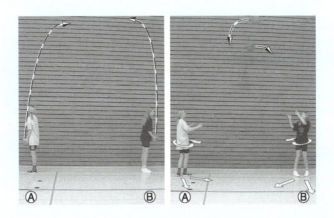

A e B estão posicionados, cada um com uma bola, de costas para o outro, a uma distância de três a cinco metros. Ao sinal, os dois passam a bola mutuamente por sobre a cabeça um em direção ao outro, girando após receber a bola lançada pelo colega. A direção e a duração do vôo da bola devem ser permanentemente variadas. A e B giram e devem orientar-se para receber o passe do colega.

OBSERVAÇÕES/DICAS
- No início, escolher uma distância entre os dois de forma que evite-se a pressão do tempo no momento de realizar a atividade;
- Combinar previamente o tipo de sinal para o passe.

VARIAÇÕES
- Modificação da posição inicial: ajoelhado, sentado etc. (Mão – complexidade III).
- Variação da recepção: com salto, sentado, com uma mão (Mão – complexidade III);
- Realizar uma tarefa adicional antes de receber a bola: bater palmas, fazer polichinelo (Mão – complexidade III).

Escola da Bola orientada para o desenvolvimento das habilidades

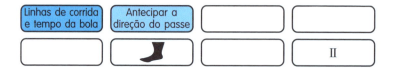

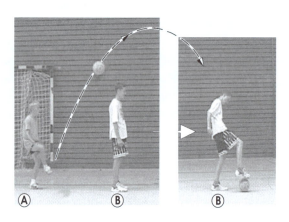

21

A deve estar posicionado a dois metros atrás de B, estando B na frente de A e de costas para ele. Semelhante ao exercício 19, só que A chuta, com a parte interna do pé, a bola por cima da cabeça de B. B deve se orientar em relação a bola e pará-la o mais rápido possível com a sola do pé. Determinar o número de repetições antes da troca de tarefas.

- Quanto maior a curva da bola, maior o tempo para a realização da atividade e maior a quantidade de contatos visuais com a bola, diminuindo a pressão do tempo;
- Reduzir gradativamente a quantidade de quiques da bola no chão antes que esta seja parada;
- Prestar atenção, pois esta atividade exige um espaço para deslocamento do grupo como um todo.

OBSERVAÇÕES/ DICAS

- As posições de partida de A e B devem ser permanentemente variadas: por exemplo, na mesma linha, na diagonal em relação ao outro, enfrentados (Pé – complexidade II);
- Modificar o tipo de sinal: correr a bola pelo caminho mais longo antes de pará-la (Pé – complexidade III);
- Modificar o deslocamento de B: saltando com uma ou duas pernas, passar da linha da bola, girar 180° e parar a bola (Pé – complexidade III).

VARIAÇÕES

Linhas de corrida e tempo da bola 171

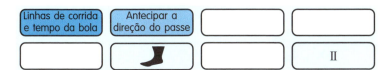

22

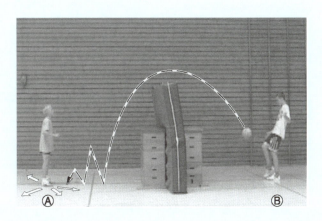

A e B estão colocados um de frente para o outro, a uma distância entre cinco e oito metros. No meio deles é colocada uma "parede", estruturada por um colchão apoiado por dois plintos, que tem a função de evitar que os colegas se vejam. B deve passar a bola para A com o pé por cima do colchão. A deve se orientar e procurar a bola antes que ela quique mais de uma vez, parando-a com o pé. Feito isto, A passa a bola para B por cima do colchão, que terá a mesma tarefa de recepcionar a bola após o primeiro quique.

OBSERVAÇÕES/DICAS
- Reduzir a quantidade de vezes que a bola quica após ultrapassar o colchão;
- Aumentar ou diminuir a altura da "parede";
- Para facilitar, A pode sinalizar sua predisposição para iniciar o exercício.

VARIAÇÕES
- Observar diferentes tipos de vôo e características do quique da bola (Pé – complexidade II);
- A recebe a bola, matando primeiro com o peito (Pé – complexidade III);
- B lança e A recebe com as mãos (Mão – complexidade II).

Linhas de corrida e tempo da bola	Antecipar a direção do passe	Regulação de aplicação da força	
	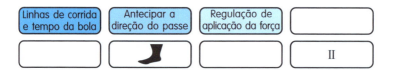		II

23

Chutar uma bola contra a parede em diagonal e pará-la após ela rebater na parede dentro de um determinado setor. A distância entre o jogador e a parede deve ser de três a cinco metros.

OBSERVAÇÕES/DICAS

- O tamanho do setor de chute e o local para parar a bola devem estar adaptados ao nível de rendimento do jogador.

VARIAÇÕES

- Utilizar diferentes tipos de bola (Pé – complexidade II);
- Chutar utilizando diferentes partes do pé: chute rasteiro, alto, parte interna/externa do pé, peito do pé (Pé – complexidade III);
- Modificar a distância da parede: ângulo, distância deste (Pé – complexidade III);
- Chutar a bola contra espaços irregulares: espaldar, plinto (Pé – complexidade III);
- Lançar com a mão, receber com o pé ou a mão (Mão – complexidade II).

Linhas de corrida e tempo da bola **173**

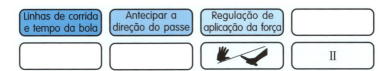

| 24 |

Um jogador está de pé, aproximadamente três a quatro metros de um banco sueco deitado (de forma que parte do banco esteja de frente para o jogador). A criança tem a tarefa de bater com o bastão na bola contra o banco sueco e ir buscar a devolução avançando e retrocedendo, fazendo tabelas com a bola contra o banco sueco.

OBSERVAÇÕES/ DICAS

- Os setores onde será recepcionada a bola podem estar marcados com cones;
- Os setores de recepção da bola podem ser previamente combinados ou delimitados pelo professor.

VARIAÇÕES

- Modificar a aplicação de força (Bastão, raquete – complexidade II);
- Utilizar parte interna/externa do bastão para receber ou rebater a bola (Bastão, raquete – complexidade III);
- Antes de recepcionar a bola, exigir a realização de uma tarefa extra, como, por exemplo, correr até uma marca e voltar (Raquete, bastão – complexidade III);
- Um colega procura se colocar na linha de corrida para atrapalhar o executando (Raquete, bastão – complexidade III).

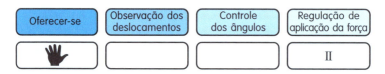

Na frente de uma parede são colocados vários plintos. No final de cada fileira de plintos são colocados cones no ponto de partida e no ponto de chegada. Na frente dos plintos encontram-se a uma distância de quatro a cinco metros dos cones os quais servem como linha de lançamento. Atrás dessa linha estão colocados os lançadores (na foto só se vê o atleta B). Cada lançador do grupo de B deve ter uma bola. Eles têm a tarefa de acertar no jogador A. A deve procurar, com o seu grupo, atravessar a linha de partida/chegada sem que os jogadores da equipe acertem nele e poderá utilizar os plintos como "toca".

- A distância entre os plintos e a parede deve ser relativamente pequena, de forma que a bola que bata na parede esteja novamente em jogo rapidamente;
- Outra forma de organização, se não se tem plintos, pode ser com carteiras ou mesas;
- Pode-se jogar na quadra toda (na foto só é apresentado um espaço);
- Utilizar somente bolas leves (tipo espuma de propileno).

- Ideal para fazer em forma de competição de grupos: quantos coelhos são caçados em um espaço de tempo determinado. Quem consegue chegar do ponto de partida à chegada sem ser tocado obtém um ponto, após fazer a troca (Mão – complexidade II);
- Só se contam alvos com lançamentos indiretos (Mão – complexidade III).

Oferecer-se e desmarcar-se 175

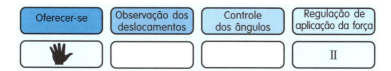

26

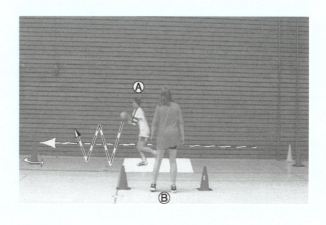

A corre saindo do ponto de partida e recebe um passe de B num setor previamente estabelecido. Recebe a bola, quica-a até o ponto de chegada, volta e no setor determinado devolve a bola para B e continua correndo para a posição inicial.

OBSERVAÇÕES/ DICAS

- Insistir na necessidade de estar permanentemente preparado para receber a bola;
- O passador B pode ter um carrinho cheio de bolas com diferentes pesos e tamanhos;
- Após uma determinada quantidade de recepções, deve-se realizar a troca de tarefas.

VARIAÇÕES

- Variar o setor de recepção do passe (Mão – complexidade II);
- B está posicionado de costas para A e gira no momento em que é chamado por A e passa para este a bola (Mão – complexidade III);
- Variar o tipo de passe: passe quicado, com uma mão, mão direita/ esquerda, com salto etc. (Mão – complexidade III).

176 Escola da Bola orientada para o desenvolvimento das habilidades

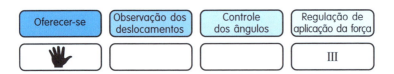

27

São formados dois grupos: o grupo A se encontra dentro de um quadrado e o B, fora desse campo de jogo (a foto mostra um desses espaços). A equipe B procura somar a maior quantidade de pontos acertando com a bola os jogadores do grupo A. Se a bola for recepcionada pelos jogadores do time A, descontam-se pontos obtidos por B. Uma outra forma de obter pontos por parte do A é quando os jogadores que recepcionam a bola conseguem acertar em um jogador do time B.

- O tipo de tarefa é semelhante ao do jogo de queimada. Passes entre o jogador de uma mesma equipe são possíveis, de forma a procurar a melhor situação de lançamento;
- Prestar atenção para evitar a invasão de setores;
- Estabelecer regras de lançamento (posição, forma de execução etc.);
- Troca de tarefas após um tempo previamente estabelecido ou quando se alcançou um determinado número de pontos;
- Utilizar somente bolas de espuma de propileno.

OBSERVAÇÕES/ DICAS

- Variar a quantidade de bolas que podem ser usadas de uma só vez (Mão – complexidade III);
- Colocar plintos para proteção dos "coelhos" dentro do campo (Mão – complexidade III).

VARIAÇÕES

Oferecer-se e desmarcar-se **177**

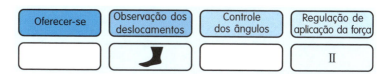

28

A uma distância de três a cinco metros da parede são colocados vários plintos. Nesse percurso é delimitada a saída e a chegada por cones. A uma distância de quatros a seis metros dos plintos é feita uma marcação com uma linha que serve como linha de chute. Os jogadores da equipe A devem procurar, saindo do cone de partida, chegar ao cone de destino sem que os jogadores do time B consigam acertar uma bola chutada neles. Os jogadores da equipe B se distribuem atrás da linha de chute e procuram, quando A passa correndo, chutar para acertar neles.

OBSERVAÇÕES/ DICAS
- A linha de chute pode ser marcada com cones e, para dificultar o chute, deve-se proibir a ultrapassagem da linha;
- Utilizar bolas de espuma.

VARIAÇÕES
- Modificar a distância entre os plintos (Pé – complexidade II);
- Modificar a distância entre a linha de chute e os plintos (Pé – complexidade II);
- Quando se trabalha com grupos grandes, pode-se colocar diferentes "zonas francas" (Pé – complexidade II).

178 Escola da Bola orientada para o desenvolvimento das habilidades

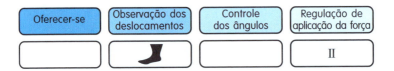

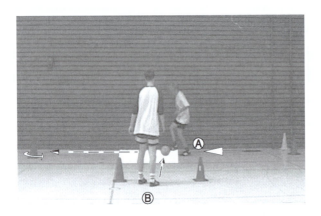

A deve se deslocar entre dois cones (saída e chegada). B deve procurar passar a bola para A, de forma que este a receba em um setor previamente delimitado (na foto, espaço mais claro no chão). A deve contornar o cone de chegada e no seu retorno, ao chegar ao setor, driblar até a posição de B. Enquanto isto, B já se deslocou ao ponto de partida de A, iniciando-se assim um novo exercício.

OBSERVAÇÕES/DICAS

- Utilizar diferentes tipos de bolas de forma que os jogadores possam receber e conduzir a bola com facilidade.

VARIAÇÕES

- Variar o tipo de passe: parte interna/externa do pé, peito do pé (Pé – complexidade III);
- Em relação à distância da posição de saída, setor de passe, etc., ampliá-la ou diminuí-la (Pé – complexidade III);
- Em relação ao tipo de deslocamento antes de chegar ao setor de recepção de passe, modificar conforme seqüência: correr de costas, saltitando, pulando sobre uma perna etc. (Pé – complexidade III).

Oferecer-se e desmarcar-se 179

30

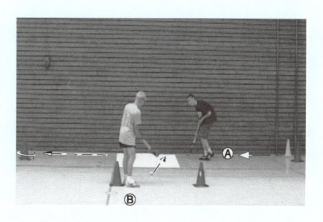

Semelhante ao exercício anterior, no entanto o passe entre A e B é feito com o bastão. A recebe dentro do setor o passe de B, conduz a bola até o cone, contorna-o e passa a bola de volta para B, voltando à posição inicial.

OBSERVAÇÕES/DICAS
- A bola deve estar em permanente contato com o bastão ou ser conduzida com pouco atrito através do bastão.
- A recepção da bola deve ser feita sempre na frente do corpo, e o bastão deve estar sempre inclinado na direção do corpo, de forma a possibilitar uma suave recepção.

VARIAÇÕES
- Modificar o tipo de passe de B em relação à distância e à profundidade (Raquete, bastão – complexidade III);
- Aumentar o número de setores de passe e passadores no percurso que o jogador A deve percorrer (Raquete, bastão – complexidade III).

 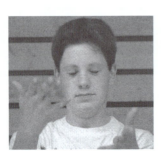 

Lançar uma bola para cima e, no momento em que esta atingir o ponto mais alto, fechar os olhos e bater palmas no momento em que se supõe que a bola irá quicar no chão. Após o quique, recepcionar a bola.

OBSERVAÇÕES/ DICAS
- A distância entre as crianças deve ser suficientemente ampla;
- Um colega comprova o *timing* do executante concede pontos a ele;
- Utilizar diferentes tipos de bola (peso, tamanho etc.).

VARIAÇÕES
- Lançar a bola por cima e por trás da cabeça (Mão – complexidade I);
- Bater com o pé no chão no momento em que possivelmente a bola irá quicar (Mão – complexidade I);
- Acompanhar os sucessivos quiques da bola batendo palmas (Mão – complexidade II).

Antecipar a direção do passe | **181**

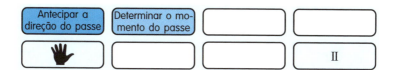

32

Lançar a bola para cima e rapidamente colocar a mão no chão, de forma que a bola quique acima da mão. Recepcionar a bola, se for possível, após ela quicar no chão.

| OBSERVAÇÕES/ DICAS | • Bolas de vôlei ou de ginástica e balões são apropriados para esta atividade;
• A mão deve estar sempre em contato com o solo e suficientemente contraída. |

| VARIAÇÕES | • Colocar o punho em contato com o chão (Mão – complexidade II);
• Lançar para trás, girar e se orientar (Mão – complexidade III);
• Colocar as mãos no chão de forma alternada: esquerda/direita (Mão – complexidade III). |

182　Escola da Bola orientada para o desenvolvimento das habilidades

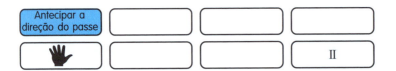

33

Lançar a bola contra a parede, deixá-la quicar uma vez no chão e pular no momento do quique por cima dela abrindo as pernas. Realizar um giro de 180° e recepcionar a bola antes que ela faça contato com o chão pela segunda vez.

OBSERVAÇÕES/DICAS

- Para que esta "obra de arte" dê certo, a escolha do tipo de bola é decisiva, assim, no início, deve-se priorizar bolas menores;
- O *timing* do salto por cima da bola é muito importante;
- Iniciar o movimento lançando a bola muito alto.

VARIAÇÕES

- Modificar a distância da parede (Mão – complexidade III);
- Lançar a bola de costas, giro de 180° e se orientar com a bola (Mão – complexidade III);
- A uma distância bem próxima da parede, lançar a bola de costas contra esta, dar um giro de 180° e se orientar novamente (Mão – complexidade III).

Antecipar a direção do passe **183**

34

A lança uma bola o mais alto possível a uma distância grande num campo previamente dividido em quatro ou seis setores. Seus colegas em volta do setor devem, gritando ou mostrando com os dedos, apontar em que setor a bola irá quicar.

OBSERVAÇÕES/ DICAS

- A decisão sobre o setor no qual a bola irá quicar deve ser tomada no momento em que a bola atinge o ponto mais alto da sua curva de vôo;
- Para marcar os setores onde possivelmente a bola irá cair podem ser utilizados cones, marcações com giz ou as próprias linhas de marcação do campo.

VARIAÇÕES

- A chuta a bola para cima (Pé – complexidade II);
- Os jogadores de fora do setor quando a bola atingir o ponto máximo correm para marcar o setor onde esta irá quicar (Mão, pé – complexidade II);
- Determinar uma posição do corpo (sentado, sobre um pé, braços para cima etc.) para cada setor onde a bola irá quicar (Mão, pé – complexidade II);
- Utilizar setores de diferentes tamanhos (Mão, pé – complexidade II);
- Modificar a distância de A em relação ao setor de lançamento (Mão, pé – complexidade II);
- Modificar a posição dos observadores em relação à bola: de frente, de costas, de lado etc. (Mão, pé – complexidade III).

184   Escola da Bola orientada para o desenvolvimento das habilidades

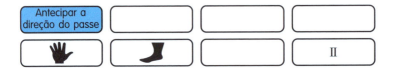

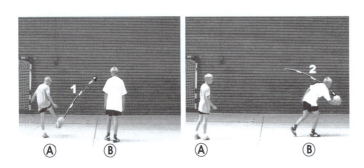

A joga a bola com o pé contra a parede. B procura pegá-la antes que ela quique.

- A e B devem estar um ao lado do outro, a diferentes distâncias, sempre de frente para a parede;
- A joga três bolas diferentes contra a parede e depois realiza a troca de tarefas.

OBSERVAÇÕES/ DICAS

- Variar o tipo de chute contra a parede: direto/indireto, com o pé não dominante etc. (Mão, pé – complexidade II);
- Variar a altura e a força do chute (Mão, pé – complexidade II);
- Modificar a distância dos jogadores em relação à parede (Mão, pé – complexidade II);
- B está, no início do exercício, de costas para a parede ao sinal de A – que em geral está em contato com a bola – deve girar-se e orientar-se em relação à bola para recebê-la (Mão, pé – complexidade III).

VARIAÇÕES

Antecipar a direção do passe 185

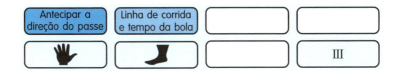

36

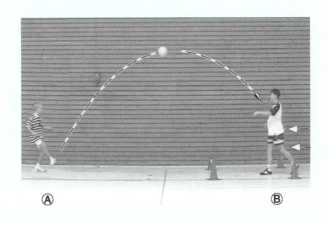

Ⓐ   Ⓑ

A chuta uma bola para cima procurando acertar um setor previamente estabelecido. B (fora do setor-alvo) pode dar no máximo quatro passos e recepcionar a bola dentro do setor antes que ela quique.

OBSERVAÇÕES/
DICAS

- B conta os passos em voz alta;
- Cones ou linhas do campo podem ser utilizados para marcar os setores;
- A troca de tarefas pode acontecer após um espaço de tempo ou determinado número de repetições.

VARIAÇÕES

- Para facilitar, pode-se deixar que a bola quique uma vez no setor (Mão, pé – complexidade II);
- Modificar a quantidade de passos (Mão, pé – complexidade III);
- Pular para recepcionar a bola (Mão, pé – complexidade III);
- Modificar a posição do receptor: sobre a cabeça, por trás das costas, com uma mão etc. (Mão, pé – complexidade III);
- Modificar a posição de partida de B (Mão, pé – complexidade III);
- Modificar a recepção da bola: com o peito, com a sola do pé, com a coxa etc. (Mão, pé – complexidade III).

Escola da Bola orientada para o desenvolvimento das habilidades

Antecipação defensiva	Observação dos deslocamentos	Controle dos ângulos	
✋			II

37

Duas partes de um plinto são colocadas em pé e utilizadas como postes para marcar um gol. A uma distância de um a dois metros na frente destes, B se coloca como goleiro. A, posicionado a uma distância de seis a oito metros, está de costas para B. Quando A gira, B se desloca para um lado do gol. A deve lançar a bola do lado contrário ao que o defensor se deslocou.

OBSERVAÇÕES/ DICAS

- No lugar de partes do plinto, podem também ser utilizados colchões de atletismo.

VARIAÇÕES

- Tarefa em grupo: organizar uma forma de estações com diferentes tipos de bola e pontos (Mão – complexidade II);
- Modificar a distância de A em relação ao gol (Mão – complexidade II);
- Modificar o tipo de lançamento: com uma mão, indireto ou "quicado", esquerda/direita, com uma raquete (Mão, raquete – complexidade III).

Antecipação defensiva | 187

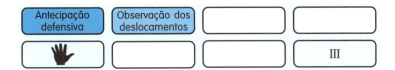

38

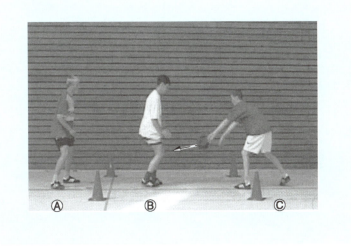

Delimita-se um setor para B do qual ele não possa sair. A e C têm a tarefa de passar a bola sem que B ("peru") consiga pegá-la.

OBSERVAÇÕES/ DICAS
- O setor do campo pode ser marcado com cones, com giz ou utilizando as linhas do campo;
- Passes muito altos ou por cima da cabeça são proibidos.

VARIAÇÕES
- Após cada troca (de tempo ou pegando a bola) é utilizada uma bola diferente (Mão – complexidade III);
- Dois jogadores no setor B como "peruzinhos" (Mão – complexidade III);
- Modificar a distância entre A, B e C (Mão – complexidade III);
- Variar o tipo de passe: indireto, com uma mão etc. (Mão – complexidade III).

188 Escola da Bola orientada para o desenvolvimento das habilidades

Antecipação defensiva	Controle dos ângulos		
	🧦		II

39

A, B e C se posicionam formando um triângulo. B passa a bola para A rolando-a. No momento em que A a recebe, B ou C devem – conforme combinado entre si – girar e ficar de costas para A. A deve devolver a bola a B de primeira, para quem estiver de frente para ela. Após um determinado número de passes se realiza a troca de tarefas.

OBSERVAÇÕES/ DICAS

- No início, realizar passes suaves e lentos;
- B e C devem decidir primeiro quem dos dois irá girar antes de passar a bola para A.

VARIAÇÕES

- Em vez do giro, pode-se levantar o braço ou gritar, de forma a não se receber a bola (Pé – complexidade II);
- Variação do passe: parte interna/externa do pé, peito do pé, com esquerda/direita (Pé – complexidade II);
- B e C modificam a sua posição de partida (Pé – complexidade II).

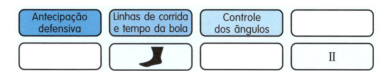

40

Duas partes de um plinto são colocadas como alvos ou gols. A assume o papel de artilheiro, e B o de goleiro. B deve, instantes antes do chute da bola por parte de A, definir qual dos dois gols ele irá defender. A deve procurar antecipar a ação de B e chutar a bola no gol sem goleiro. Após cinco tentativas, são trocadas as posições.

OBSERVAÇÕES/ DICAS

- A distância entre os gols no início não deve ser maior do que dois a três metros.

VARIAÇÕES

- Modificar a distância entre A e B (Pé – complexidade II);
- Organizar de forma competitiva: após uma determinada quantidade de repetições, são contadas as quantidades de gol que cada um fez (Pé – complexidade II);
- Pode ser organizado na forma de estações: colocando vários gols (um ao lado do outro), quando A tem êxito, passa para a estação seguinte; quando não, B assume a função de artilheiro e A vai para o gol (Pé – complexidade II).

| Antecipação defensiva | Observação dos deslocamentos | | |
| | 🧦 | | III |

41

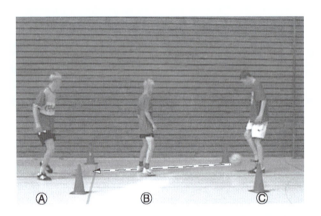

O campo de jogo é dividido em três setores, e B, no meio, faz papel de "peruzinho" defensor. A e C procuram passar a bola entre si sem que B intercepte.

OBSERVAÇÕES/ DICAS
- Fintas de corpo e de chute devem ser provadas e previamente ensaiadas;
- Permitir que as zonas sejam suficientemente amplas.

VARIAÇÕES
- Modificar os setores, aumentando-os (Pé – complexidade III);
- Colocar mais um setor de defesa entre A e C (Pé – complexidade III);
- Colocar dois ou mais jogadores nos setores externos – A e C (Pé – complexidade III);
- Variar o tipo de passe: parte interna/externa do pé, peito do pé, usar um bastão (Pé, bastão – complexidade III).

Antecipação defensiva | 191

| 42 |

A, B e C se posicionam formando um triângulo. A está com a bola, conduzindo-a lateralmente acima de uma linha. A joga a bola com um bastão para B ou C dependendo de qual dos dois estará de frente para ele.

OBSERVAÇÕES/ DICAS

- O autopasse de A deve ser feito transpondo uma linha, de forma que A não possa decidir muito rápido e ter tempo para perceber a ação de B e C.

VARIAÇÕES

- Variação do tipo de autopasse: *drive*, revés, mão esquerda/direita (Raquete, bastão – complexidade II);
- Modificar a distância do triângulo inicial (Raquete, bastão – complexidade III);
- A, B e C encontram-se numa mesma linha; A deve passar sempre ao jogador que se encontra na sua linha, enquanto B e C devem combinar previamente qual deles sairá da altura em que A se deslocará (Raquete, bastão – complexidade III).

192 Escola da Bola orientada para o desenvolvimento das habilidades

Observação dos deslocamentos	Linha de corrida e tempo da bola	Oferecer-se	
✋			II

43

A quica a bola de forma livre, sempre em movimento de avanço. B, colocado atrás de A, procura imitar seus movimentos. Esta atividade é conhecida com o nome de "sombra" ou "imitação". Após um determinado tempo, deve ser realizada a troca de funções.

OBSERVAÇÕES/DICAS

- Só permitir o aumento da velocidade no movimento de A quando os dois jogadores tiverem condições de controlar a bola.

VARIAÇÕES

- Colocar diferentes objetos na forma de obstáculos dentro do campo, por exemplo, banco sueco, cone, plinto etc. (Mão – complexidade II);
- B se desloca quicando duas bolas. A se desloca sem bola, realizando diferentes tipos de movimento que B deve imitar (Mão – complexidade III);
- O espelho: A e B se colocam um de frente para o outro, cada um com uma bola. A marca os movimentos (para frente, para trás, lateral, saltitar, coçar a cabeça, coçar as pernas, desenhar com a mão livre no chão etc.) e B deve imitá-lo (Mão – complexidade III).

44

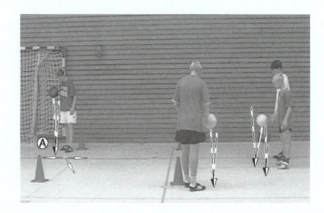

A está de frente para o grupo e modifica permanentemente a distância e a altura da bola que ele quica. Todos os jogadores procuram imitá-lo o mais rápido possível. Este jogo também é conhecido como "Os Espelhos".

OBSERVAÇÕES/ DICAS

- Uma forma de organização do jogo é colocar todos os participantes em várias fileiras, de forma a evitar que uns atrapalhem os outros.

VARIAÇÕES

- As fileiras podem ser aumentadas ou diminuídas (Mão – complexidade II);
- Modificar a distância de A em relação ao grupo (Mão – complexidade II);
- A grita diferentes palavras que descrevem formas de movimentos variados a serem realizados (Mão – complexidade II).

Escola da Bola orientada para o desenvolvimento das habilidades

Observação dos deslocamentos			
✋			III

45

A e B, cada um com uma bola, partem de um cone que delimita a linha de saída e correm até um outro que delimita a linha de chegada, a qual deverá ser contornada de forma a correr ida e volta. C e D estão localizados fora do setor de corrida e têm a tarefa de quicar uma bola num local permanentemente; ao observar o movimento de corrida de A e B, chama-se um deles gritando; A ou B procuram se cruzar no caminho do jogador citado procurando correr e quicar a bola sempre na mesma altura do jogador chamado.

OBSERVAÇÕES/ DICAS

- A e B correm sempre em sentido contrário.

VARIAÇÕES

- Mais jogadores determinam o percurso de A ou B (Mão – complexidade III);
- Variar as linhas de corrida: correr em diagonal fazendo um oito etc. (Mão – complexidade III);
- Variar o deslocamento com a bola: saltitando, quicando com as duas mãos, quicando duas bolas etc. (Mão – complexidade III);
- Modificar a velocidade do deslocamento (Mão – complexidade III).

Observação dos deslocamentos | 195

46

A e B conduzem uma bola um atrás do outro. B deve seguir A a uma distância de aproximadamente dois metros. A deve procurar trocar de direção de forma contínua e B deve seguir o caminho do colega; ao sinal, A e B trocam de funções.

OBSERVAÇÕES/ DICAS

- Propõe-se como atividade utilizar diferentes tipos de bola.

VARIAÇÕES

- Aumentar ou reduzir a distância entre A e B (Pé – complexidade II);
- A e B deslocam-se sempre seguindo a linha lateral do campo de jogo (Pé – complexidade II);
- Aumentar a velocidade de corrida (Pé – complexidade III);
- B coloca uma viseira que lhe permite somente olhar as pernas do adversário (Pé – complexidade III);
- A e B correm paralelos entre si e passam, em um ritmo preestabelecido, a bola entre si (Pé – complexidade III).

Escola da Bola orientada para o desenvolvimento das habilidades

Observação dos deslocamentos	Linha de corrida e tempo da bola		
	👣		II

47

O Maestro:
A está na frente do grupo e de costas para este. Desloca-se driblando uma bola e conduzindo-a utilizando diferentes técnicas (partes interna e externa do pé etc.). Todos os jogadores dos grupos atrás do maestro devem procurar imitar os seus movimentos.

• Como uma forma de ajuda, no início pode-se fazer com que A apóie verbalmente a sua ação de troca de direção, anunciando-a previamente; • Deslocamentos e velocidade do trabalho devem estar adaptados ao nível do grupo.	**OBSERVAÇÕES/ DICAS**
• A conduz uma seqüência de movimentos com um braço esticado à frente, que marca as direções para onde irá correr (Pé – complexidade II). • A gira observando o grupo, e os jogadores do grupo devem imitar seu movimento como se fossem um espelho (Pé – complexidade III); • Conduzir a bola com um bastão (Bastão – complexidade II).	**VARIAÇÕES**

Observação dos deslocamentos 197

48

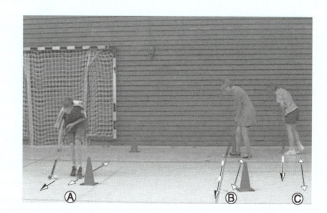

A e B conduzem uma bola com um bastão entre dois cones. C conduz uma bola fora do setor de A e B. Conforme um comando (de A ou B), C deve procurar, o mais rápido possível, cruzar à frente do jogador nomeado. Após dez passos, C deve ficar parado observando o deslocamento de A ou B e esperando um novo comando.

OBSERVAÇÕES/ DICAS

- A troca de funções pode ser feita por tempo ou após um número de repetições.

VARIAÇÕES

- Os comandos verbais podem ser substituídos por sinais visuais (Bastão, raquete – complexidade III);
- A posição de observação de C deve sempre ser modificada (Bastão, raquete – complexidade III);
- Modificar o tipo de corrida: conduzir com o pé a velocidade do deslocamento (Pé, bastão, raquete – complexidade III);
- Organizar na forma de competição com mais de um observador (Pé, raquete, bastão – complexidade III).

Modelo do projeto

Característica das bolas

Índice de figuras e tabelas

Bibliografia

Anexo

Modelo do projeto

O conceito geral da Escola da Bola – com sua descrição do ABC da aprendizagem do jogo – está sendo colocado na prática por meio de um projeto conjunto entre o Instituto de Esportes e Ciências do Esporte da Universidade de *Heidelberg* e o Clube FT *Kirchheim*. A organização pode ser descrita conforme as características mencionadas abaixo:

Todas as crianças entre 6 e 7 anos (meninos e meninas) que tenham *Organização* talento, motivação e vontade de jogar são acolhidas no projeto. Após diferentes entrevistas com os pais, crianças de idade maior também podem participar da Escola da Bola.

Os grupos estão compostos, na sua maioria, por 14 a 16 crianças. O time de professores da Escola da Bola está composto por professores de Educação Física, pedagogos do Esporte e "artistas da bola" internacionais que praticaram diferentes esportes, entre eles, jogadores do Egito e do Brasil, das respectivas seleções nacionais de handebol.

No início da cada ano são oferecidos cursos compactos de oito semanas (em cooperação com as escolas do bairro), para crianças que tenham interesse em continuar desenvolvendo atividades no clube. Após esses momentos de propaganda, as crianças que tiverem vontade podem ingressar no grupo da Escola da Bola.

Os dias de encontro para jogar e treinar são duas vezes na semana com duração mínima de 60 minutos cada sessão. Para crianças particularmente talentosas é oferecido um terceiro dia de atividades num grupo exclusivo de talentos.

Na Escola da Bola as crianças participam (por regra geral) durante um ano. Após esse momento, os professores fazem recomendações às crianças para a prática de um determinado esporte. Esta formação qualificada e um pouco mais direcionada também é oferecida pelo mesmo time de professores da Escola da Bola.

O curso de iniciação é gratuito. No caso de ingresso no programa da Escola da Bola, paga-se por mês 19,50 marcos alemães (aproximadamente 10 euros). Este valor inclui a quota de sócio do clube FT *Kirchheim*. Todas as taxas são assim revertidas na Escola da Bola. Todo o material e pessoal é subvencionado por patrocinadores através do Instituto Alemão de Esportes e Ciências do Esporte, ou pelo próprio clube.

As primeiras experiências são amplamente positivas e a ressonância é muito grande, recomendando-se, assim, que esse projeto seja imitado e reproduzido em outros locais. Informações mais precisas podem ser obtidas com:

Prof. Dr. Klaus Roth
Daniel Memmert
Institut für Sport und Sportwissenschatf
Universität Heidelberg
Im Neuenheimer Feld 700
69120 Heidelberg
Fon: (06221) 54-4642

Karl-Heinz Becker
Richard Kommert
FT Kirchheim
Pleikartsförster Straße 95
69124 Heidelberg
Fon: (06227) 33223

Homepage da Escola da Bola:
http://www.rzuser.uni-heidelberg.de/~dmemmert/ballschule

Característica das bolas

O princípio da variabilidade está também – sempre que possível – diretamente ligado e relacionado com um tipo de material que se utiliza. Todas as formas jogadas de exercícios nas áreas A até C podem ser realizadas com diferentes tipos de bola. A tabela a seguir apresenta uma descrição geral sobre as características dos aparelhos esportivos mais utilizados no nosso trabalho.

Tab.3: Características das bolas.

Descrição da bola	Circunferência (cm)	Peso (g)
Bolas de espuma	56-65	180-280
Bolas de espuma com pele de elefante	50-65	130-200
Bolas medicinais – bolas leves	94-125	300-1000
Bolas de tênis de mesa	12	3
Bolas de tênis	22	60
Bolas de *hockey*	20	230
Punhobol	19-21	70-85
Bolas de pólo aquático	68-71	400-450
Bolas de *rugby*	56	400-440
Bolas de ginástica	50-59,5	320-420
Bolas de handebol	46-60	200-475
Bolas de voleibol	61-67	240-280
Bolas de basquetebol	56-78	300-650
Bolas de futebol	62-71	320-453
Bolas medicinais	66-86	800-3000
Bolas de ginástica grande	141-204	900-1400

Índice de figuras e tabelas

Capítulo 1

Fig. 1: Jogar e exercitar na Escola da Bola (p. 11)

Tab. 1: Forma de aproximação, objetivos, conteúdos e métodos (p. 13)

Fig. 2: Construção de antecipações reguladoras do comportamento (p. 17)

Fig. 3: O crescimento percentual do rendimento das capacidades coordenativas na idade entre 5 e 17 anos (p. 19)

Fig. 4: Exigência da coordenação com a bola (p. 21)

Fig. 5: Fórmula básica do treinamento de coordenação (p. 22)

Fig. 6: Habilidades esportivas em uma descrição modelo (p. 26)

Tab. 2: Elementos técnicos e sua relação com os elementos táticos (p. 28)

Capítulo 2

Fig. 7: Simbologia (p. 35)

Fig. 8: Representação dos jogos (p. 36)

Capítulo 3

Fig. 9: Habilidades elementares com a bola (p. 85)

Fig. 10: Exemplos para ampliação de tarefas individuais ou de grupo (p. 88)

Fig. 11: Exemplo de uma seqüência de exercícios coordenativos com a bola (p. 89)

Fig. 12 a, b: Exemplos de transposição das tarefas individuais para revezamentos (pp. 142-143)

Fig. 13 a, b: Exemplo de um circuito com controle de bola (pp. 144-145)

Fig. 14: Exemplo de um teste de habilidade com bola (p. 146)

Bibliografia

Capítulo 1

Digel, H. (1993). Handball im Wandel – Perspektiven zukünftiger Entwicklungen. In H. Digel (Hrsg.), *Talente im Handball* (S. 7-33). Aachen: Meyer & Meyer.

Fodor, J. A. (1983). *The Modularity of Mind*. Cambridge: MIT.

Göhner, U. (1992). *Einführung in die Bewegungslehre des Sports*. Teil 1: Die sportlichen Bewegungen. Schorndorf: Hofmann.

Hoffmann, J. (1993). *Vorhersage und Erkenntnis*. Göttingen: Hogrefe.

Hossner, E. J. (1995). *Module der Motorik*. Schorndorf: Hofmann.

Hossner, E. J. (1997). Der Rückschlagbaukasten: ein integratives Konzept für das Techniktraining. In B. Hoffmann & P. Koch (Hrsg.), *Integrative Aspekte in Theorie und Praxis der Rückschlagspiele* (S. 25-39). Hamburg: Czwalina.

Hossner, E. J. & Kortmann, O. (1995). „Stein auf Stein ...“ – Techniktraining nach dem Baukastenprinzip. In F. Dannenmann (Red.), *Neue Aspekte des Volleyballspiels* (S. 40-57). Hamburg: Czwalina.

Hossner, E. J. & Kortmann, O. (1996). Techniktraining im Spitzenbereich: Ein Baukasten wird gefüllt. In F. Dannenmann (Red.), *Volleyball '95 – Das Spiel im Jubiläumsjahr* (S. 9-18). Hamburg: Czwalina.

Hossner, E. J. & Kortmann, O. (1997). Der „Tebaute-Volleyball“: Zur Validierung eines modularen Trainingskonzepts. In F. Dannenmann (Red.), *Volleyball '96 – Facetten des Spiels* (S. 119-139). Hamburg: Czwalina.

Kortmann, O. & Hossner, E. J. (1995). Ein Baukasten mit Volleyball-Steinen – Belastung im Volleyball und ein modulares Konzept des Techniktrainings. In F. Dannenmann (Red.), *Belastung im Volleyball* (S. 53-72). Bremen: DVV.

Kröger, C. (1987). *Zur Drop-out-Problematik im Jugendleistungssport*. Frankfurt: Deutsch.

Kuhlmann, D. (1998). Wie führt man Spiele ein? In Bielefelder Sportpädagogen (Hrsg.), *Methoden im Sportunterricht* (S. 135-148). Schorndorf: Hofmann.

Kultusministerium des Landes NRW (Hrsg.) (1991). *Entwicklung neuer Rahmenkon-zeptionen für Training und Wettkampf der Kinder und Jugendlichen: Sportartübergreifender Teil neuer Handreichungen zum Kinder- und Jugendtraining in den verschiedenen Sportarten.* Frechen: Ritterbach.

Neumaier, A. & Mechling, H. (1995). Taugt das Konzept koordinativer Fähigkeiten als Grundlage für sportartspezifisches Koordinationstraining? In P. Blaser, K. Witte & Ch. Stucke (Hrsg.), *Steuer- und Regelvorgänge der menschlichen Motorik* (S. 207-212). St. Augustin: Academia.

Roth, K. (1998). Wie verbessert man die koordinativen Fähigkeiten? In Bielefelder Sportpädagogen (Hrsg.), *Methoden im Sportunterricht* (S. 84-101). Schorndorf: Hofmann.

Roth, K. & Raab, M. (1998). *Intentionale und inzidentelle Regelbildungsprozesse im Sportspiel*. Köln: BISp.

Schmidt, W. (1994). Kinder werden trainiert, bevor sie selbst spielen können. *Fußballtraining*, 13, 3-14.

Weineck, J. (1994). *Optimales Training*. Erlangen: perimed.

Capítulo 2

Adolph, H. & Hönl, M. (1993). *Integrative Sportspielvermittlung*. Kassel: Gesamt-hochschul-Bibliothek.

Adolph, H. & Steinbrecher-Damm, A. (1995). *Themenorientierte Kleine Spiele*. Kassel: Gesamthochschul-Bibliothek.

Bremer, D., Pfister, J. & Weinberg, P. (1981). *Gemeinsame Strukturen großer Sportspiele*. Wuppertal: Putty.

Dietrich, K. (Hrsg.) (1985). *Sportspiele*. Reinbek: Rowohlt.

Dietrich, K., Dürrwächter, G. & Schaller, H.-J. (1976). *Die großen Spiele*. Wuppertal: Putty.

Döbler, E. & H. (1996[20]). *Kleine Spiele*. Berlin: Sportverlag.

Glorius, S. & Leue, W. (1996). *Ballspiele. Praxiserprobte Spielideen für Freizeit, Schule und Verein*. Aachen: Meyer & Meyer.

Groth, K. & Kuhlmann, D. (1989). Integrative Sportspielvermittlung in Theorie und Praxis. *Sportunterricht*, 38, 386-393.

Günzel, W. (Hrsg.) (1990). *Spiele vermitteln und erleben – verändern und erfinden*. Baltmannsweiler: Schneider.

Hahmann, H., Steiner, H. & Steiner, I. (1979). *Sportspiele spielen lernen*. Schorndorf: Hofmann.

Kerkmann, K. (1979[2]). *Kleine Parteispiele*. Schorndorf: Hofmann.

Klupsch-Sahlmann, R. (1991). Bewegungsleben und Sportunterricht – Chance für sportartübergreifende Angebote in der Grundschule. *Sportunterricht*, 40, 425-432.

Koch, K. (1991[7]). *Kleine Sportspiele*. Schorndorf: Hofmann.

Lang, H. (1992). *Spielen, Spiele, Spiel: Handreichungen für den Spielunterricht in der Grundschule*. Schorndorf: Hofmann.

Medler, M. & Schuster, A. (1996). *Ballspielen. Ein integrativer Ansatz für Grundschule, Orientierungsstufe, Sportverein*. Neumünster: Medler.

Rammler, H. & Zöller, H. (1986[3]). *Kleine Spiele – wozu?*. Wiesbaden: Limpert.

Schneider, H. (1991). *Lehren und Lernen im Tennis*. Erlangen: Schneider.

Stemper, T. (1983). *Fit durch Bewegungsspiele*. Erlangen: perimed.

Vary, P. (Red.) (1996). *137 Basisspiel- und Basisübungsformen*. Schorndorf: Hofmann.

Walter, M. (1991). *Spiel und Sport an jedem Ort*. Schorndorf: Hofmann.

Wetton, P. (1992). *Tolle Ideen. Sportspiele*. Mülheim: Verlag an der Ruhr.

Capítulo 3

Asmus, S. (1997). Koordinative Fähigkeiten – die Basis für den Fußball, Teil II. *Fußballtraining*, 15, 38-45.

Brodtmann, L. (1994). Ein Ball lernt Kunststücke. *Sportpädagogik,* 18, 33-34.

Brugmann, B. (Red.) (1984). *1009 Spiel- und Übungsformen im Fußball*. Schorndorf: Hofmann.

Frey, J. (1991). „Handball"-Kunststücke. *Sportpädagogik,* 15, 28-34.

Hirtz, P. (1985). *Koordinative Fähigkeiten im Schulsport*. Berlin: Volk und Wissen.

Kosel, A. (1993[2]). *Schulung der Bewegungskoordination.* Schorndorf: Hofmann.

Medler, M. & Schuster, A. (1996). *Ballspielen. Ein integrativer Ansatz für Grundschule, Orientierungsstufe, Sportverein.* Neumünster: Medler.

Müller, B. (1995). *Ball-Grundschule.* Dortmund: Borgmann.

Petermann, K.-H. & Löber, G. (1995). Kleine Meister am Ball, Teil 1. *Volleyballtraining, 19,* 54-57.

Petermann, K.-H. & Löber, G. (1995). Kleine Meister am Ball, Teil 2. *Volleyballtraining, 19,* 72-75.

Petermann, K.-H. & Löber, G. (1995). Kleine Meister am Ball, Teil 3. *Volleyballtraining, 19,* 86-89.

Petermann, K.-H. & Löber, G. (1996). Kleine Meister am Ball, Teil 4. *Volleyballtraining, 20,* 54-57.

Sonnenbichler, R. (1990). Koordinative Fähigkeiten. *Volleyballtraining, 14,* 72-77.

Theune-Meyer, T. (1997). Mädchen spielen Fußball. *Fußballtraining, 15,* 30-32.

Vary, P. (Red.) (1996). *137 Basisspiel- und Basisübungsformen.* Schorndorf: Hofmann.

Voigt, H. & Richter, E. (1991). *Betreuen, fördern, fordern.* Münster: Philippka.

Ziegenhagen, U. (1992). Koordinationsprogramme, Teil I. *Handballtraining, 14,* 59-63.

Capítulo 4

Bartenbach, K. & Schmidt, G. (1987[2]). *Hockey: Grund- und Aufbaukurs.* Schorndorf: Hofmann.

Bassemir, U. (1997). Die F- und E-Junioren: Die Halle bietet viele Möglichkeiten, Teil II. *Fußballtraining, 15,* 25-31.

Bauer, G. (1974). *Fußball perfekt: Vom Anfänger zum Profi.* München: BLV.

Bisanz, G. & Vieth, N. (1995). *Fußball von morgen.* Band 1: Grundlagen- und Aufbautraining. Münster: Philippka.

Brill, D. & Prinz, F. (1991). *Basketball-Trainingspraxis. „Die ersten Schritte...".* Langen: Kühne.

Brüggemann, A. & Albrecht, D. (1986). *Schulfußball – spielen, lernen, mitgestalten.* Schorndorf: Hofmann.

Drauschke, K., Kröger, C., Schulz, A. & Utz, M. (1987). *Der Volleyballtrainer.* München: BLV.

Fischer, U. & Zoglowek, H. (1991). Hand-Ball-Grundschulung. *Sportpädagogik, 15,* 50-55.

Loibl, J. (1992). Im Lehren und Lernen – Räume erschließen. *Sportpädagogik, 16,* 28-31.

Nicklaus, H. (1991). *Minis lernen spielend Basketball.* Bochum: Nicklaus.

Peter, R. & Vieth, N. (1997). Techniken attraktiv schulen – Die Serie zum Video, Teil I. *Fußballtraining, 15,* 57-66.

Schubert, R., Oppermann, H.-P. & Späte, D. (1990[2]). *Spielen und Üben mit Kindern.* Handball Handbuch, Band 1. Münster: Philippka.

Zgoll, B. (1989). *Jugendtraining im Fußball.* Ahrensburg: Czwalina.